In Material gedacht
Thinking through Material

In Material gedacht
Thinking through Material

Uta Graff

Material im Prozess des architektonischen Entwerfens

Material in the Process of Architectural Design and Conception

mit Beiträgen von / with contributions by

Andreas Bründler, Piero Bruno, Thomas Kröger

In Material gedacht

Thema des vorliegenden Buches ist das Arbeiten mit
konkreten Materialien im Prozess des Entwerfens.
Dieser Prozess orientiert sich am architektonischen
Konzept, das es zu klären und zu präzisieren gilt und
das der Entwicklung und damit dem entstehenden
Werk zugrunde liegt. Im Sinne eines lenkenden Gedankens, an dem jede gestalterische Entscheidung
gemessen wird, hält es das Ganze zusammen, ohne
vordergründig in Erscheinung zu treten. Es muss
eindeutig sein und gleichzeitig alle notwendigen Anforderungen integrieren können, seien sie kontextuell
oder typologisch, funktional oder räumlich, strukturell oder konstruktiv, materiell oder atmosphärisch.
Beim Entwerfen wird das Konzipierte gedanklich
geschärft und mit architektonischen Mitteln konkretisiert. Das geschieht bereits anhand der ersten
Skizzen und Modelle, durch die das Gedachte mit
einfachen Mitteln sichtbar wird.

Die Tatsache, dass gebaute Architektur physisch
materiell beschaffen ist, steht außer Frage. Der
Einsatz konkreter Materialien in der Entwicklung
des Entwurfs scheint daher selbstverständlich, im

Modelle des Werkstattgebäudes für einen Drechsler am Lehrstuhl für Entwerfen und Gestalten /
Models for a Turnery at the Chair of Architectural Design and Conception

Grunde unabdingbar. Er nimmt in verschiedenen Maßstäben die erfahrbaren Qualitäten von Raum und Struktur, Materialität und Licht voraus. Vom stadträumlichen Modell über Konzept- und Gebäudemodelle bis zum innenräumlichen Modell sind dabei gänzlich unterschiedliche Aspekte räumlich, visuell und haptisch vermittelbar. Das setzt, neben der Lust an der praktischen Arbeit mit den unterschiedlichsten Werkstoffen, auch gewisse handwerkliche Fertigkeiten voraus, allemal jedoch eine Experimentierfreude, Dinge auszuprobieren und sich im Zuge dessen anzueignen. Die Arbeit mit realen Materialien im räumlichen Kontext bringt die eigene Vorstellung unmittelbar zum Ausdruck. Die greifbare Realität des Gebauten macht die Dinge sichtbar und fordert immer wieder zum Überprüfen der Stimmigkeit des angestrebten Eindrucks auf.

Das gegenwärtig verstärkt wiederkehrende Interesse am Handwerk und an handgefertigten Produkten war Impulsgeber für die Thematisierung der konkreten Stofflichkeit der Architektur beim Entwerfen. Über drei Semester waren unterschiedliche handwerkliche Berufe Thema der Aufgaben für Entwurfsprojekte, die am Lehrstuhl für Entwerfen und Gestalten an der

Thinking through Material

This book is about working with solid materials in the process of design.

The process is oriented towards the architectural conception, which needs to be clarified and made more precise, and which underlies the development of a piece of architecture and thus the resulting work. In the sense of a guiding idea against which every creative decision is measured, it holds the whole together without appearing overtly. It must be distinct and at the same time able to integrate all necessary requirements, be they contextual or typological, functional or spatial, structural or constructive, material or atmospheric. In the process of designing, the conception is refined in thought and concretised using architectural means, and this already happens in the first sketches and models through which the idea is made visible using simple means.

The fact that built architecture is physically material is beyond question. The use of solid materials in the development of the design therefore seems self-evident, utterly indispensable. On various scales, it anticipates the tangible qualities of space and structure, material and

Fakultät für Architektur der Technischen Universität München von Masterstudierenden bearbeitet wurden. Die Nutzung als Werkstätten, in denen Materialien auf unterschiedliche Art händisch und maschinell bearbeitet werden, regt auf besondere Weise die Auseinandersetzung mit den materiellen Bedingungen der Architektur an. Dementsprechend waren der bewusste Einsatz von Materialien und ihre sorgfältige Verarbeitung wesentliche Aspekte der gestalterischen Arbeit. Diese wurde begleitet von Bauwerkstudien, Werkstattbesuchen sowie einer grundlegenden Auseinandersetzung mit Werkstoffen, deren Bearbeitung und Gebrauch. Im Zuge der Erarbeitung wurden jeweils im direkten Austausch mit Handwerkern der räumliche Bedarf und die funktionalen Anforderungen an die entsprechenden Orte des Schaffens geklärt und im Prozess des Entwerfens konkretisiert.

Eine Reihe an Fragen nach dem Verhältnis von Materialität, Ort und Aufgabe und insbesondere die immer wiederkehrende zentrale Frage nach dem Entwurfsprozess und seinen Gesetzmäßigkeiten, sind Anlass für diese Publikation. Denn wann entsteht die Vorstellung der Materialität einer Architektur? Wodurch wird sie gespeist und im Entwurfsprozess erarbeitet?

light. From the urban scale model, to conception and building models, to the interior model, completely different aspects can also be conveyed through its visual and tangible material facets. Besides a desire to do practical work with a wide variety of materials, this also requires certain artisanal skills, but, in addition, an every-ready willingness to experiment with new things and assimilate them in the process. Working with real materials in a spatial context brings one's own ideas to direct expression. The tangible reality of the building makes things visible and requires one repeatedly to check the coherence of the impression aimed at.

The recurrent interest in artisanal and handmade products was the driving force behind this thematic of the solid materiality of architecture in design. Over three semesters, various artisanal workspaces were the subject of design project assignments undertaken by master's students of the Chair of Architectural Design and Conception at the Faculty of Architecture of the Technical University of Munich. The use of these sites as workshops, in which materials are worked on manually and mechanically in different ways, stimulated the examination of the material conditions of architecture in a special way. In keeping with this, the conscious use of

Was sind die Grundlagen für die Wahl bestimmter Werkstoffe und für die Art ihrer Verarbeitung? Welche Rolle spielen der Kontext und seine materielle Prägung? Hat die Typologie eine Auswirkung auf die materielle Ausformulierung von Bauwerken? Welche Relevanz kommt der Nutzung für die Wahl eines Materials und seines Ausdrucks zu? Wird die Alterungsfähigkeit von Materialien im Entwurf mitgedacht? Und kann das Licht als Material verstanden werden?

In Gesprächen mit den Architekten Andreas Bründler – Buchner Bründler Architekten, Basel, Piero Bruno – Bruno Fioretti Marquez Architekten, Berlin, und Thomas Kröger – Thomas Kröger Architekten, Berlin, deren Werke auf ganz unterschiedliche Weise durch ihre Materialität geprägt sind, wird das Thema durch die Erfahrung aus der Praxis erweitert und reflektiert.

Die gezeigten Entwürfe der Werkhäuser, Manufakturen und Werkstätten der Studierenden erzählen in ihrer Konzeption und Konkretion von den haptischen und atmosphärischen Eigenschaften der gewählten Materialien. Dabei geht es im vorliegenden Buch

materials and their careful crafting were essential aspects of the design work. This was accompanied by studies of the buildings, visits to workshops and an extensive investigation of materials, their processing and use. In the course of the process of development, the needs and requirements of the respective creative work spaces were clarified in direct exchanges with artisans and specified in the process of designing.

A series of questions about the relationship between materiality, space and task and, in particular, the constantly recurring central question about the design process and its rules are the reason for this publication. At what point do ideas about the materiality of an architecture enter the frame? What feeds them and how do they work? What are the basic principles for choosing certain materials and the way in which they are treated? What role does the context and its material character play? Does typology have an effect on the material formulation of a construction? What relevance does its eventual use have for the choice of a material and its expression? Are the ageing and durability of materials taken into account in the design? And can light be understood as material?

nicht um eine Dokumentation dieser Arbeiten, sondern vielmehr um den Gesamteindruck, den die Zeichnungen der Projekte und die Fotografien der Modelle vermitteln. Sie stehen im Wechsel mit den Gesprächen und sind im Zusammenhang mit ihnen ebenso lesbar wie unabhängig vom Geschriebenen. Die den hochbaulichen Entwürfen vorangestellten Aufgaben – wie beispielsweise der Entwurf für ein Gefäß für einen Gebrauchsgegenstand oder für ein Objekt zur Präsentation eines Produkts, für ein Souvenir oder ein Relief – geben nebenbei einen Einblick in die Herangehensweise an den architektonischen Entwurf, wie wir ihn in diesen Fällen erprobt haben und uns mit jeder Aufgabe stets von Neuem erarbeiten.

Uta Graff

In conversations with the architects Andreas Bründler – Buchner Bründler Architekten, Basel – Piero Bruno – Bruno Fioretti Marquez Architekten, Berlin – and Thomas Kröger – Thomas Kröger Architekten, Berlin – whose works are influenced by their materiality in very different ways, the theme of this book is expanded and reflected upon in the light of the experience of working architects. In their concepts and reification, the students' designs for workshops, manufactories and turneries tell of the tangible and atmospheric properties of the materials chosen. This publication is not about documenting these works, but rather about the overall impression that the drawings of the projects and the photographs of the models convey. They alternate with the conversations and are as readable in connection with them as they are independent of what is written. The introductory assignments, prior to the actual architectural conception – Casings for Utensils, Keepsakes, Reliefs, Assemblages of Materials and others – also provide an insight into the approach to architectural design in the ways we have worked through those challenges in these particular cases, and must work our way through them with each new challenge again.

Uta Graff

Werkhaus
Workshop

Werkhaus

Tischler oder Fassbinder, Steinmetz oder Bildhauer, Kunstgießer oder Schmied, Papierschöpfer oder Buchbinder – für eines dieser oder auch ein anderes Handwerk sind architektonische Entwürfe entstanden, die als bauliche Einheit die unterschiedlichen Bereiche des Kreierens und Konkretisierens bergen und repräsentieren: das Atelier als Ort der Kreation und Planung, an dem die Dinge erdacht werden, die Werkstatt als Ort der Konkretion, an dem die Dinge gemacht werden, und der Empfang als Ort der Begegnung und der Repräsentation.

Das Gefüge der Räume und die Struktur des Gebäudes bilden den robusten Rahmen für die Nutzung als Werkhaus. Seine Materialität korrespondiert oder kontrastiert mit dem Werkstoff, der in ihm verarbeitet wird. Der Ort, an dem es steht, ist eine stadtnahe Brache mit industrieller Prägung. Raumgefüge, Struktur und Materialität definieren das bauliche Volumen und den architektonischen Ausdruck des Werkhauses am Ort.

Workshop

Carpenter or cooper, stonemason or sculptor, caster or blacksmith, papermaker or bookbinder – for one of these crafts or another one a building was to be designed which as a structural unit would hold and represent the different areas of invention and specification: the studio, as a place of creation and planning in which things are conceived, the workshop, as a place of reification, in which things are made, and the entrance, as a place of encounter and representation.

The spatial organisation and structure of the building form the robust framework for use as a craftsman's workspace. Its materiality corresponds or contrasts with the material that is processed in it. The place where it stands is a peri-urban brownfield with an industrial character. The spatial texture, structure and materiality define the volume and the architectural expression of the workshop building at its location.

1

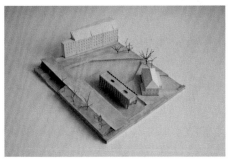

2

Umgebungsmodelle und Fotografien von Innenraummodellen / Models of surroundings
and photographs of models of interior
1 Amelie Jasper, Iris Sitbon: Kunstgießerei / Art Foundry
2 Benedikt Schmid, Matthias Wolter: Schäffler / Cooper

3

4

3 Victoria Schweyer, Jana Wunderlich: Werkstatt einer Textildesignerin /
Workshop of a Textile Designer
4 Laura Brixel, Tanja Schmidt: Gießerei / Foundry

Gefäße für Gebrauchsgegenstände / Casings for Utensils
Japanmesser / Japanese Knife: Victoria Schweyer, Jana Wunderlich, **Fernrohr** / Telescope:
Moritz Böcher, Lukas Prestele, **Konturschablone** / Contour Gauge: Beatrice Huff, Martin Kaußen,
Adlerflaum / Eaglet Down: Benedikt Schmid, Matthias Wolter, **Füller** / Fountain Pen: Isa Lise
Letnes, Hartmut Raendchen, **Schlüssel** / Key: Amelie Jasper, Iris Sitbon, **Schleifstein** / Whet-
stone: Anna Jacob, Eva Kreitmeir, **Lupe** / Magnifying Glass: Julian Kerkhoff, Rebecca Pröbster,
Fingerhut / Thimble: Tomás Klapka, Markus Titze, **Manschettenknöpfe** / Cufflinks: Laura Brixel,
Tanja Schmidt, **Palette** / Palette: Kristin Janda, Maryam Knoll

Gefäß

Gefäß steht für Hülle oder Futteral, Kiste oder Truhe, Instrumentenkoffer, Besteck- oder Werkzeugkasten, im Sinne eines Gehäuses, das passgenau den aufzunehmenden Gegenstand umschließt. Dieses bergende Gefäß ist spezifisch für den einen Gebrauchsgegenstand gemacht und unverwechselbar. Es birgt ihn vollständig, lässt ihn jedoch erahnen, und es kann geöffnet werden, um den Gegenstand zu entnehmen. Die Materialität des Gefäßes korrespondiert mit dem Gegenstand, für den es hergestellt wird. Es ist primär aus einem Material und entspricht in der Sorgfalt, mit der es gemacht ist, dem Gegenstand, den es umschließt.

Casings for Utensils

Casing designates a cover or container, box or chest, instrument case, cutlery or tool box, in the sense of a housing that fits precisely around the object to be accommodated. This receptacle is made exclusively for one object and is unique. It houses it completely, but gives a clue to what it is and can be opened to remove the object. The materiality of the receptacle corresponds to the object for which it is made. It is primarily made of a single material and corresponds in the care with which it is made to the object it encloses.

23

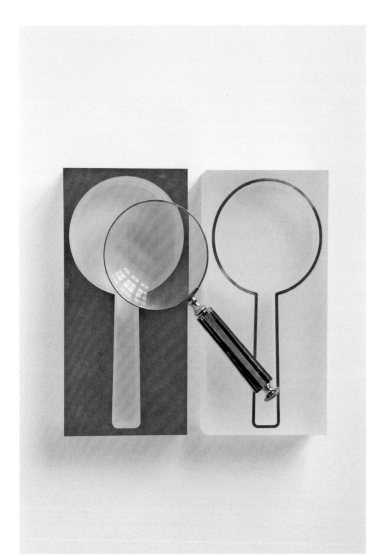

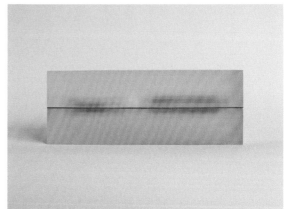

Gefäß für eine Lupe / Casing for a Magnifying Glass
Plexiglas und Messing / Acrylic glass and brass, 24,5 x 12 x 9 cm
Julian Kerkhoff, Rebecca Pröbster

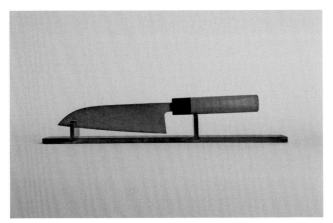
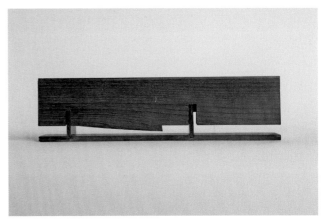

Gefäß für ein Japanmesser / Casing for a Japanese Knife
Nussbaumholz, Horn und Schieferstein / Walnut wood, horn and slate, 30 x 9 x 4 cm
Victoria Schweyer, Jana Wunderlich

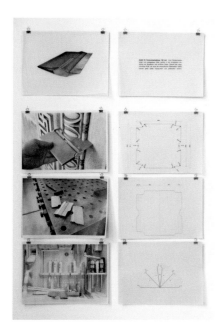

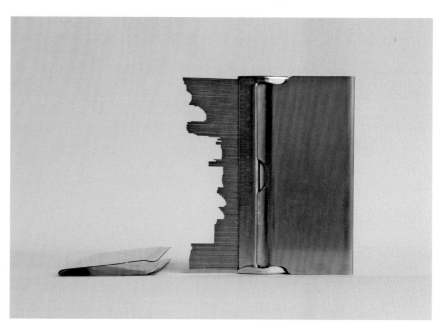

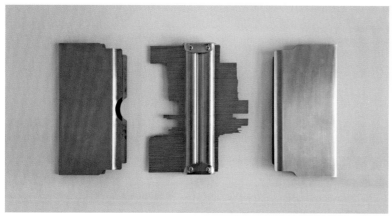

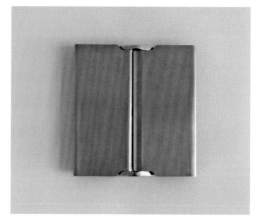

Gefäß für eine Konturschablone / Casing for a Contour Gauge
Aluminiumblech gekantet / Crimped aluminium sheet, 16 x 16 x 2 cm
Beatrice Huff, Martin Kaußen

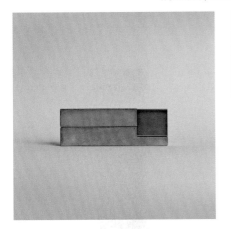 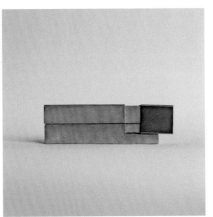 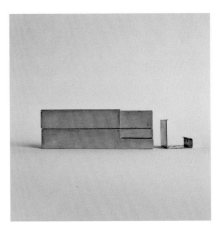

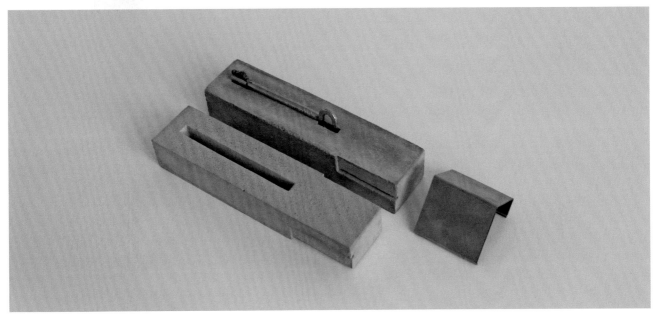

Gefäß für einen Schlüssel / Casing for a Key
Beton und Aluminiumblech / Concrete and aluminium sheet, 20 x 7,5 x 5 cm
Amelie Jasper, Iris Sitbon

27

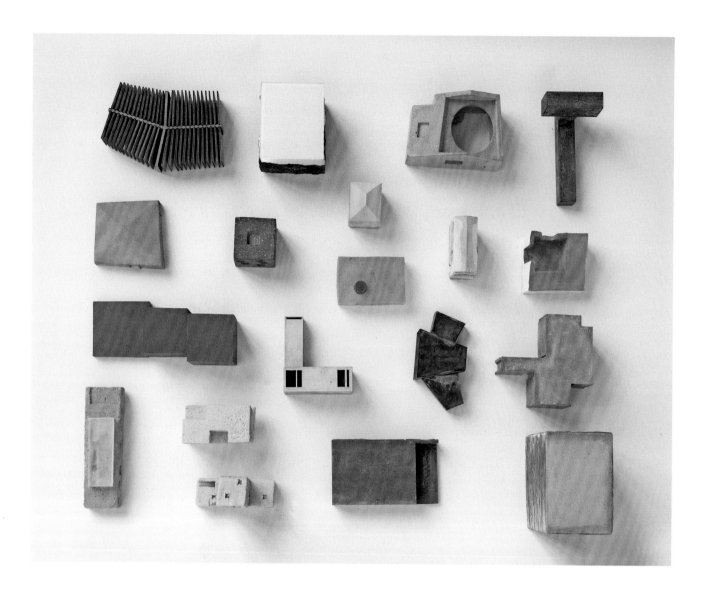

Souvenirs / Keepsakes
Miller Maranta: Markthalle Aarau (Moritz Böchel), Aires Mateus: Forschungszentrum Azoren (Lukas Prestele), Bearth & Deplazes: Künstlerhaus Marktoberdorf (Maryam Knoll), Alberto Campo Baeza: Blas House (Iris Sitbon), David Adjaye: Dirty House (Tomás Klapka), Valerio Olgiati: Atelier Bardill (Hartmut Rändchen), Simon Ungers: T-House (Eva Kreitmeier), Pezo von Ellrichshausen: Casa Poli (Julian Kerkhoff), Gion Caminada: Totenstube (Matthias Wolter), Philip Johnson: Glashaus (Victoria Schweyer), Wespi de Meuron: Haus Mü. (Rebecca Pröbster), Alvar Aalto: Experimental House (Anna Jacob), Wespi de Meuron: Brione House (Amelie Jasper), Marke Arkitekter: Strömkajen (Kristin Janda), Erwin Heerich: Fontana Pavillon (Markus Titze), Roger Boltshauser: Haus Rauch (Beatrice Huff), Pezo von Ellrichshausen: Casa Cien (Benedikt Schmid), Juliaan Lampens: Huis Vandenhaute-Kiebooms (Jana Wunderlich), Herzog & de Meuron: Stellwerk (Laura Brixel, Tanja Schmidt)

Souvenir

Die Studie widmet sich der Analyse eines Bauwerks hinsichtlich seiner architektonischen Konzeption und materiellen Konkretion. Im Sinne eines wertvollen Erinnerungsstücks vermittelt ein kleines Objekt die Konzeption der betrachteten Architektur. In seiner reduzierten Form zeigt es den Typus, in seiner Materialität entspricht es dem Bauwerk, das es verkörpert.

Keepsake

The study is dedicated to the analysis of a building with regard to its architectural conception and material reification. In the sense of a valuable keepsake, a small object conveys the architectural conception under consideration. In its reduced form it displays the building type, and in its materiality it corresponds to the building it embodies.

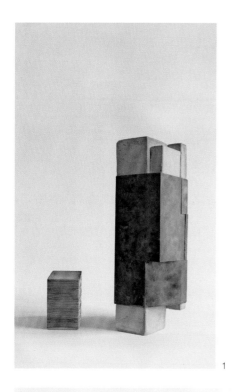

2

3

4

1

5

6

Materialgefüge und Souvenirs / Assemblages of Materials and Keepsakes
1 Herzog & de Meuron: Stellwerk (Laura Brixel, Tanja Schmidt)
Materialien: Beton und Kupfer / Materials: concrete and copper
2 Pezo von Ellrichshausen: Casa Poli (Julian Kerkhoff)
Materialien: eingefärbter Gips, Afghanischer Basalt / Materials: coloured plaster, Afghan basalt
3 Pezo von Ellrichshausen: Casa Cien (Benedikt Schmid)
Materialien: Beton, Holz weiß lasiert / Materials: concrete, limewashed wood
4 Wespi de Meuron: Brione House (Amelie Jasper)
Materialien: Naturstein und Gips / Materials: stone and plaster
5 Alvar Aalto: Experimental House (Anna Jacob)
Materialien: Ziegel, glasierte Fliese, Gips / Materials: bricks, glazed tiles, plaster
6 Valerio Olgiati: Atelier Bardill (Hartmut Rändchen)
Materialien: Beton und patiniertes Kupferblech / Materials: concrete and patinated copper sheet

Materialgefüge

**Das Materialgefüge ist Teil der Bauwerkstudie.
In einer freien skulpturalen Fügung werden darin
die das Bauwerk prägenden Materialien in eine
Konstellation und Gewichtung gebracht, die in ihrem
Ausdruck und ihrer Erscheinung denen des Bau-
werks entsprechen.**

Assemblage of Material

The assemblage of material is part of the building study. In a
free sculptural structure, the materials shaping the building are
brought into a constellation and weighting that corresponds in
its expression and appearance to that of the building.

1

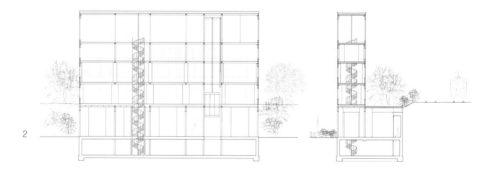

2

Gießerei / Foundry
Laura Brixel, Tanja Schmidt
1 Innenraumfotografie / Photograph of model of interior
2 Schnitte / Sections
3 Modellfotografie / Photograph of model

3

Gipswerkstatt / Plaster Casting Workshop
Julian Kerkhoff, Rebecca Pröbster
Fotografie Innenraummodell, Maßstab 1:10 / Photograph of model of interior, scale 1:10

Modell

» **Modelle transportieren immer eine eigene Welt, sie ersetzen niemals gebaute, architektonische Realität, so wenig, wie es deren Bilder tun. Es sind unterschiedliche Zustände von Annäherungen, die wunderbare Interpretationen zulassen und eigenen ästhetischen Reizen unterliegen.**« Adrian Meyer

Model

»Models always convey their own world, they never replace architectural reality, just as little as their images do. They are different stages of approaches that allow wonderful interpretations and are subject to their own aesthetic allure.« Adrian Meyer

Meyer, Adrian: Stadt und Architektur. Ein Geflecht aus Geschichte, Erinnerung, Theorie und Praxis / City and Architecture. A Network of History, Memory, Theory and Practice, Baden 2003, S./p.16

1

Gipswerkstatt / Plaster Casting Workshop
Julian Kerkhoff, Rebecca Pröbster
1 Fotografie Innenraummodell, Maßstab 1:10 / Photograph of model of interior, scale 1:10

2

3

2 Material- und Farbkonzept / Idea for material and colour
3 Materialtafel: schwarzer Putz und Kunststeinfliese / Sample board: black plaster and artificial stone tiles, 100 x 60 cm

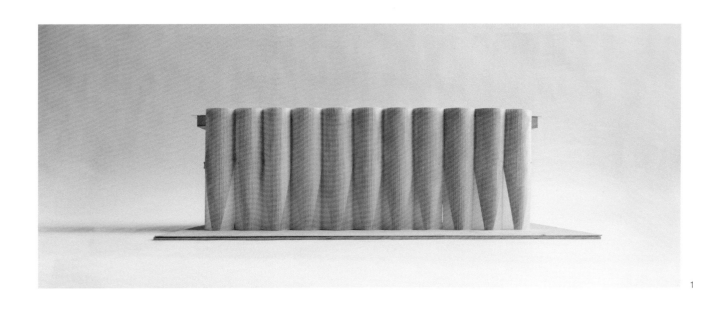

1

2

Schäffler / Cooper
Benedikt Schmid, Matthias Wolter
1 Fotografie Innenraummodell / Photograph of model of interior
2 Gebäudemodell, Maßstab 1:100 / Model of building, scale 1:100

3

4

3 Umgebungsmodell, Maßstab 1:1000 / Model of surroundings, scale 1:1,000
4 Grundriss / Floor plan

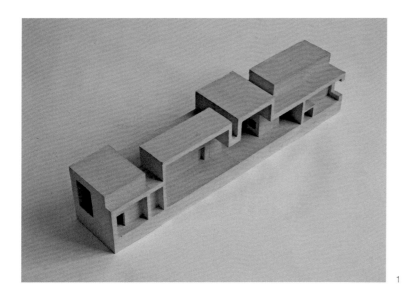

1

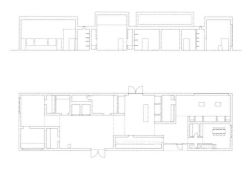

2

Kunstgießerei / Art Foundry
Amelie Jasper, Iris Sitbon
1 Schnittmodell, Maßstab 1:100, Gips / Section model, scale 1:100, plaster
2 Schnitt und Grundriss / Section and floor plan

3

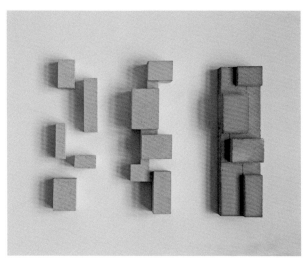

4

3 Fotografie Innenraummodell / Photograph of Model of Interior
4 Volumenstudien, Materialien: Gips und Beton / Volume models, materials: plaster and concrete

1

2

Haus für eine Textildesignerin / House for a Textile Designer
Victoria Schweyer, Jana Wunderlich
1 Modellfotografie / Photograph of model
2 Grundriss und Schnitt / Floor plan and section

Handwerk

» Handwerkliches Denken und Können beschränkt sich nicht auf den Handwerker im engeren Sinne, sondern steht ganz allgemein für den Wunsch, etwas Konkretes um seiner selbst willen gut zu machen.«
Richard Sennett

Craftsmanship

»Craftmanship names an enduring, basic human impulse, the desire to do a job well for its own sake. Craftmanship cuts a far wider swath than skilled manual labor.«
Richard Sennett

Sennett, Richard: Handwerk / The Craftsman,
Berlin / London 2008, S./p. 196

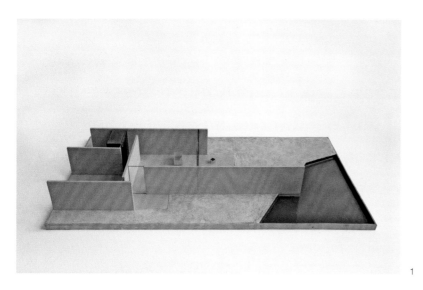

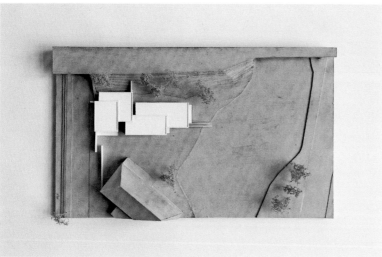

Papierwerkstatt / Paper Production Workshop
Anna Jacob, Eva Kreitmeir
1 Strukturmodell / Structural model
2 Umgebungsmodell, Maßstab 1:500 / Model of surroundings, scale 1:500

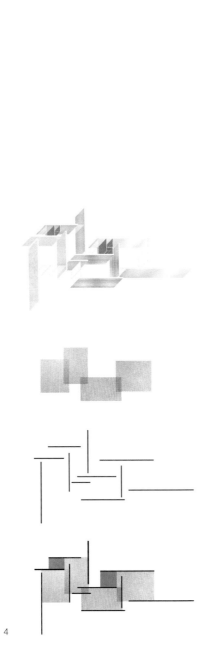

3

4

3 Materialcollage, Maßstab 1:1 / Collage of materials, scale 1:1, 30 x 60 cm
4 Grundriss und Strukturskizzen / Floor plan and structural sketches

Kontext Werkzeug Archiv

Context Tool Archive

Thomas Kröger im Gespräch

In Conversation with Thomas Kröger

Uta Graff

Das Profil Deines Büros umreißt Du mit den drei Begriffen: Kontext, Werkzeug und Archiv. Sind diese drei Felder nicht im Grunde die Basis Deiner gesamten Arbeit? Wie ist Dein Verständnis dieser Begriffe? Was erfasst Du mit ihnen?

Uta Graff

You delineate the profile of your office with the three terms: Context, Tools and Archive. Aren't these three fields the basis of all your work? What is your understanding of these terms? What do they involve?

Thomas Kröger

Wenn wir Projekte entwickeln, dann richten wir den Blick zunächst immer auf den Ort. Wir fragen uns, was das für ein Ort ist, welche Regularien er birgt und welche Abhängigkeiten sich aus ihm ergeben. Das können gleichermaßen alltägliche wie besondere Dinge sein. Die Betrachtung des Orts ist Grundlage aller Arbeiten. Hinzu kommt die Entscheidung, mit welcher Methode und welchen Werkzeugen wir arbeiten wollen. Sich diese erst einmal zu schaffen, ist eigentlich die Hauptannäherung an einen Entwurf. Dabei spielen bestehende Typologien eine große Rolle, aber durchaus auch solche, die am Ort nicht unmittelbar vorkommen, aber für die Region eine Bedeutung haben. Daraus versuchen wir, Qualitäten zu ziehen. Das Archiv ist im Grunde die Vorarbeit, die ich für die Entwicklung von Ideen leiste. Denn schließlich geht es immer darum, dem Projekt seine Identität zu verleihen. Diese sollte nicht in der Wiederholung der Auseinandersetzung mit dem Kontext, den Typologien oder dem Vorgefundenen liegen, denn dann wäre es eher ein Abbild.

Thomas Kroeger

When we develop projects, we always look at the location first. We ask ourselves what kind of location it is, what rules it has and what interdependencies result from this. These can be commonplace as well as exceptional things. The consideration of the location is the basis of all the work. In addition, we have to decide which method and which tools we want to work with. To achieve this is actually the main approach to a design. Existing typologies play an important role here, but also those that do not exist locally but are nevertheless of significance for the region. We try to draw qualities from this. The archive is basically the preparatory work I do for the development of ideas. Ultimately, it is always a matter of giving the project its identity. This should not lie in the repetition of the examination of the context, the typologies or what has been found, because it would then be more of an imitation. It is more about adding something relatively subjective. This addition is an experience or a memory and possibly also fed by things that have nothing to do with the immediate context. They can be taken from journeys, or they can also be completely different things that one

46

Vielmehr geht es darum, relativ subjektiv etwas hinzuzufügen. Dieses Hinzugegebene ist eine Erfahrung oder eine Erinnerung und möglicherweise auch gespeist von Dingen, die mit dem unmittelbaren Kontext nichts zu tun haben. Sie können von Reisen mitgebracht sein, oder es kann sich auch um ganz andere Dinge handeln, die man assoziiert, um das Vorgefundene noch stärker abstrahieren zu können. In der Neuauflage ist es zu verfremden. Das ist genau das, was so Spaß macht beim Entwerfen und Entwickeln von Dingen, die einen Wiedererkennungswert haben, aber auf den zweiten Blick auch etwas Neues mit sich bringen.

Aus dem Kontext ziehst Du die Grundlagen, wie die Typologie oder möglicherweise auch die Materialität für ein Gebäude. Zudem speist Du den Prozess ganz bewusst auch mit dem, was Du als Erinnerung oder Erfahrung mitbringst und beziehst es auf das, woran Du gerade arbeitest. Geht es Dir dabei auch um eine andere Lesbarkeit des Orts?

Ja, denn im Grunde geht es in der Stadt genauso wie auf dem Land um die Setzung. Ob im Stadt- oder Landschaftsraum ist es im Sinne einer Maßstäblichkeit ganz wichtig, wie man städtebaulich agiert. Und in jedem Fall entsteht auch die Materialität aus dem Kontext. Das Material holt den Blick ab, lässt ihn zunächst einmal geschmeidig drüber hinweggehen, bevor es ihn noch einmal einfängt und genauer hinschauen lässt.

Wann entsteht die Vorstellung einer Materialität bei einem Projekt?

Sie entsteht aus der Konstruktion heraus.

associates in order to be able to abstract even more from the pre-existing. The remake must be defamiliarised. This is exactly what makes designing and developing things, that seem familiar but also involve something new at second glance so enjoyable.

From the context you draw the basics, such as the typology or possibly also the materiality for a building. In addition, you consciously feed the process with what you contribute as a memory or experience and relate it to what you are currently working on. Are you also interested in a different readability of the place?

Yes, because basically in the city as well as in the countryside it's all about implementation. Whether urban or landscape, it is very important in terms of scale how one proceeds in urban development. And in any case, materiality also arises from context. The material catches the eye, lets it go smoothly over it before it catches it again and lets it take a closer look.

When does the idea of a materiality arise in a project?

It arises from the construction.

And how does the choice of a particular construction come about?

I believe that this in turn has to do with the respect with which one treats the surroundings in the context of the landscape. Actually, there are always two possible choices to anticipate: Either one uses the landscape and inserts the architecture, or, in special situations, it can also make sense to subordinate the landscape to the building, so that the building basically becomes so unique that it starts to allow the

Und wie kommt die Entscheidung für eine Konstruktion zustande?

Ich glaube, die wiederum hat damit zu tun, mit welchem Respekt man im Kontext des Landschaftsraums der Landschaft begegnet. Eigentlich gibt es immer zwei mögliche Entscheidungen, die vorweg zu nehmen sind: Entweder dreht man mit der Landschaft und fügt die Architektur ein, oder in besonderen Situationen kann es auch sinnvoll sein, die Landschaft um das Gebäude zu drehen, sodass das Haus im Grunde so einzigartig wird, dass es magnethaft anfängt, die Landschaft um sich spielen zu lassen. In beiden Fällen hat es aber mit dem Respekt gegenüber der Landschaft zu tun. In den englischen Landschaftsgärten gibt es zum Beispiel die Follies, Narrheiten, die immer zwischen Funktion und Lusthaus hin und her kippen, aber in jedem Fall Dominanzen in der Landschaft sind. Egal, ob es topografische oder bildhafte Motive sind, entsteht ein Verhältnis von Architektur und Landschaft. Aus diesem Spannungsfeld heraus ergibt sich über die Typologie auch die Frage nach der Konstruktion, also danach, ob es etwas Hölzernes und damit vielleicht Temporäres oder eher etwas Dauerhaftes und damit eher Schwereres wird.

Im Zusammenhang mit der Frage nach dem Typus und der Konstruktion stellt sich immer auch die Frage, wie das Gebäude auf den Boden kommt. Hat es einen Sockel, steht es auf einer Plattform oder fängt es an zu schweben? Ist es etwas sehr Schweres, Steinernes, vielleicht etwas Gegossenes? Es sind die Fragen nach der Gründung und danach, wie stark sich das Gebäude mit dem Grund, auf dem es steht, verzahnt.

landscape to play around it in a magnetic way. In both cases, however, it has to do with respect for the landscape. In the English landscape gardens, for example, there are follies, overblown buildings that always tilt back and forth between the functional and the frolicsome, but in any case are dominant in the landscape. Whether they are topographical or pictorial motifs, there is a relationship between architecture and landscape. From this field of tension, the typology also raises the question of construction, i.e. whether it will be something wooden and thus perhaps temporary or rather more permanent and thus heavier.

In connection with the question of type and construction, there is always the question of how the building will stand on the ground. Does it have a base, does it stand on a platform or does it even begin to float? Is it something very heavy, stone, perhaps something poured? These are the questions about the foundation and how strongly the building interlocks with the ground on which it stands.

Inventing the Location

Do you know or suspect these things the first time you visit the location? Do you already develop an idea of the architecture that could arise when you are on site or does it arise in the subsequent work? It's a question of the starting point of a project. Because one becomes attuned when one visits the location, develops a special attention in order to take it in and in that moment an idea or intention often already arises. How is it with you?

It varies greatly. But generally the short term projects are the best. Because it means that

Die Erfindung des Orts

Weißt oder ahnst Du diese Dinge schon bei der ersten Begehung des Orts? Entwickelst Du bereits eine Vorstellung von der Architektur, die entstehen könnte, wenn Du am Ort bist, oder entsteht das in der dann anschließenden Arbeit? Es ist die Frage nach dem Initial für ein Projekt. Denn auf die Besichtigung des Orts stimmt man sich ein, entwickelt eine besondere Aufmerksamkeit, um den Ort aufzunehmen und in dem Moment entsteht ja oft schon eine Vorstellung oder Absicht. Wie ist das bei Dir?

Völlig unterschiedlich. In der Regel sind allerdings die schnellen Projekte die besten. Denn es bedeutet, dass am Anfang rasch eine Substanz da ist, an der man gerne weiterarbeitet. Aus diesem Grund sind diese oft auch die ganz starken Projekte geworden. Das hängt aber natürlich auch mit der Bauherrschaft zusammen und ob es gelingt, sie schon in einem frühen Stadium zu begeistern und mitzunehmen. Auch wenn ich den Kontext für wichtig erachte, meine ich, dass man nicht unbedingt am Ort gewesen sein muss, um etwas zu spüren. Man darf den Ort anhand des Materials, das man über ihn sammeln kann, auch ein Stück weit erfinden. Bei zwei der größten Projekte, an denen wir arbeiten, sind wir vorher nicht am Ort gewesen.
2010 haben wir den Wettbewerb für das Museu do Carro Eléctrico in Porto gewonnen. Dabei ging es um Erweiterungsbauten für das Museum und den Umgang mit dem Bestand. Den Ort haben wir uns aus Fotografien und Zeichnungen des Bestands konstruiert.

you quickly find some substance to work on at the outset. For this reason, these have often become very successful projects. But this is of course also related to the client and whether it is possible to inspire them at an early stage and take them with you. Even though I think the context is important, I think you don't necessarily have to be there to feel something. The location can also be invented to some extent through the material that can be gathered on it. With two of the biggest projects we are working on, we didn't visit them beforehand. In 2010 we won the competition for the Museu do Carro Eléctrico in Porto. This involved extensions to the museum and the treatment of the existing building. We constructed the place from photographs and drawings of the existing site.

The other project is a school in Hamburg, for which we won the competition in 2017. For this design, too, we never visited the Marschland – the alluvial land of the Elbe river – but were mainly concerned with the typologies that shape the local character of the place. I know the Marschland, but not Kirchwerder, and I also had no definite picture of this special location. Ultimately, it is always a question of strategy in approaching a location at all.

What other aspects also play an important role in the design of a building?

The materiality is also very important. In the development of a project it is sometimes interesting how things interact and become clear. In the competition, we kept the presentation of the school's materiality very vague. The pictures show bricks, but do not tell the whole story. Many thought the buildings were thatched. We must also be some-

Das andere Projekt ist die Schule in Hamburg, für die wir 2017 den Wettbewerb gewonnen haben. Auch für diesen Entwurf waren wir nicht im Marschland, sondern haben uns vor allem mit den ortsbildprägenden Typologien beschäftigt. Zwar kenne ich das Marschland, aber nicht Kirchwerder und ich hatte auch kein dezidiertes Bild von diesem speziellen Ort. Letztlich ist es immer eine Frage nach der Strategie, sich einem Ort überhaupt anzunähern.

Welche Aspekte spielen darüber hinaus noch eine wesentliche Rolle für die Konzeption eines Bauwerks?

Ganz wichtig ist auch die Materialität. In der Entwicklung eines Projekts ist es manchmal interessant, wie die Dinge ineinandergreifen und sich schlüssig klären. Bei der Schule haben wir im Wettbewerb die Darstellung in Bezug auf die Materialität sehr nebulös gehalten. Die Bilder zeigen zwar Ziegel, erzählen es aber nicht eindeutig. Viele dachten, die Gebäude wären reetgedeckt. Bei dieser Größenordnung müssen wir auch noch eine gewisse Vorsicht oder Offenheit mitbringen. Im Fall der Schule sind wir bewusst ein hohes Risiko eingegangen, weil wir Ziegel wollten, aber der Ziegel durchaus Probleme mit sich bringt.

Obwohl uns durch ein kurz zuvor fertig gestelltes Projekt aus Ziegeln durchaus Erfahrungen vorlagen, wussten wir beispielsweise nicht, ob man ihn bei der Gebäudehöhe schräg mauern kann oder ob das alles Sonderformate werden würden. Erst nachdem wir den Wettbewerb für uns entschieden hatten und klar war, dass wir

what cautious or open about the scale. In the case of the school, we consciously ran a risk because we wanted bricks, but brick does cause problems.

Although we had some experience with a recently completed project made of bricks, we did not know, for example, whether it could be built at an angle to the building height, or whether all this would be a custom format. Only after we had been selected in the competition and it was clear that we had also considerably exceeded the budget, were we obliged to clarify constructively and reduce costs. As I had the feeling that we absolutely had to stick with clay, we immediately started to research and by chance found a diamond-shaped brick. Thus the buildings remain in their planned materiality, however, no longer as a brick-covered stone, but as a curtain wall, as roof cladding. The walls are not brick walls, they are constructed as a roof. The original wall construction has become a rafter construction. Since the complete cladding is curtained, no expansion joints in the pattern are necessary. Moreover, there is also a considerable difference in costs, as this construction is almost two thirds cheaper than a brick wall.

This is a transformation of the material appropriate to the expression of the competition presentation. When you spoke of sloping brick walls, I had to think of works by Eladio Dieste, who was a virtuoso in building with this material. But at the school, are there also roof bricks in the rising walls that are hung in like shingles?

Yes, clay shingles. This is also appealing because the facade is a wooden construction made of rafters, which functions like a curtain

auch das Budget erheblich überschritten hatten, waren wir angehalten, diese Dinge konstruktiv zu klären und kostenmäßig zu reduzieren. Da ich den Eindruck hatte, dass wir unbedingt bei Ton bleiben müssten, haben wir sofort begonnen zu recherchieren und durch Zufall einen rautenförmigen Ziegel gefunden. Damit können die Bauten in der ursprünglich gedachten Materialität bleiben, werden aber nicht mehr als aufgemauerter Stein, sondern als vorgehängte Scheibe, als Dachziegel ausgeführt. Die Wände sind keine gemauerten Wände, sondern werden als Dach hergestellt. Aus der ursprünglichen Wandkonstruktion ist eine Sparrenkonstruktion geworden. Da das komplette Kleid vorgehängt wird, sind keine Dehnfugen im Ziegelverband nötig. Zudem besteht auch bei den Kosten ein erheblicher Unterschied, da diese Konstruktion fast zwei Drittel günstiger ist als eine gemauerte Wand.

wall in the vertical area with the shingle cladding. Due to the wind loads prevailing in the north, every tile must be anchored anyway, so it does not matter whether it is attached at an angle or vertically.

tka Thomas Kröger Architekten: Blick von der Kreuzung Kirchenheerweg/Kirchwerder Marschbahndamm mit neuer Busstation, Gebäude mit Rautendach / View from crossroads at Kirchenheerweg / Kirchwerder Marschbahndamm with new bus station, with serated roof design © Thomas Kröger Architekten

Das ist eine dem Ausdruck der Wettbe-
werbsdarstellungen angemessene Transformation des Werkstoffs. Als Du von
schrägen Ziegelmauerwänden sprachst,
musste ich an Arbeiten von Eladio Dieste
denken, der ja virtuos mit diesem Material gebaut hat. Bei der Schule sind es
also auch in den aufsteigenden Wänden
Dachziegel, die wie Schindeln eingehängt
werden?

**Ja, Tonschindeln. Das ist auch insofern
sympathisch, weil es sich bei der Fassade
um eine Holzkonstruktion aus Sparren
handelt, die im vertikalen Bereich mit den
vorgehängten Schindeln wie eine Vorhang-
fassade funktioniert. Aufgrund der Wind-
lasten, die im Norden herrschen, muss
sowieso jeder Ziegel einzeln verankert
werden, sodass es egal ist, ob das in der
Neigung oder in der Vertikalen geschieht.**

Typologie als Initial

Die Schule mit den zwei großen Bauten
ist eines der Projekte, bei denen der Typus
sehr stark ist. Man meint, diese Häuser
zu kennen und doch sind sie neu. Dass
die Gebäude im Entwurfs- und Planungs-
prozess zurückfinden zu der typologisch
begründeten ursprünglichen Konstruktion,
scheint eine fast logische Schlussfolgerung
zu sein. Die Betrachtung der Typologie
stand, wie Du eingangs sagtest, auch am
Ausgangspunkt für dieses Projekt?

**Unser Ansatz waren die Gebäude, die man
in Kirchwerder findet, mit ihren starken
und stolzen backsteinernen Giebeln und
den sehr langen Dächern, die unterschiedlich gedeckt sind. Man findet sowohl**

Typology as Starting Point

The school with the two large buildings is
one of the projects where the typology is
very strong. You think you know these
houses and yet they are new. That the
buildings in the design and planning process find their way back to the typologically based original construction seems to
be an almost logical conclusion. Was the
consideration of typology the starting
point for this project?

tka Thomas Kröger Architekten:
Kirchwerder, Eingangssituation
Kirchenheerweg mit Vorplatz,
Mensa und Bibliothek /
Entrance Kirchenheerweg, with
forecourt, canteen and library
© Thomas Kröger Architekten

Our starting point were the buildings that can
be found in Kirchwerder, with their strong and
proud brick gables and the very long rooftops,
which are covered in different ways. There are
both brick and thatched houses. The gabled
facades on the back are often timber-framed,
the actual display gables in bricks. When you
look at the enormously long roof ridges these
buildings have and go back even further in
time, you arrive is at the longhouse, the first
form of use, which accommodated whole
clans including cattle under one roof. The
original parts were also fitted with trapezoidal
openings. In our draft, it is actually only the
translation of certain elements into a contem-

ziegel- als auch reetgedeckte Häuser. Die rückseitigen Giebelfassaden sind oft in Fachwerk ausgeführt, die eigentlichen Schaugiebel in Ziegel. Wenn man sieht, was für enorm lange Firste diese Gebäude haben und man zeitlich noch weiter zurück geht, dann ist man beim Langhaus, der ersten Nutzform, die ganze Clans inklusive Vieh unter einem Dach beherbergte. Die ursprünglichen Elemente waren ebenfalls mit trapezförmigen Öffnungen versehen. In unserem Entwurf ist es eigentlich nur die Übersetzung von bestimmten Elementen in eine gegenwärtige Sprache. Das Entscheidende ist sicherlich die Adressbildung zur Straße durch die Giebelflächen. Im Grundriss ist diese Transformation eher ein Lastkahn mit vertikalen Wänden, ohne die das enorme Raumprogramm nicht unterzubringen gewesen wäre. Aufgrund der Tatsache, dass es ein Dach ist, vermutet man schräge Dachflächen. Trotz Modell hat auch die Jury lang gebraucht, um zu verstehen, dass es nicht überall schräge Wände gibt. Immer wieder kam die Frage nach den Dachflächen in den Klassenzimmern auf und wie man mit den vielen Dachflächenfenstern umgehen soll.

Neben den überwiegend aufrecht ausgeführten Teilen der seitlichen Dachflächen, sind auch die Giebel vertikal, oder?

Ja, die Giebel sind vertikal, nur der vordere kleinste Teil der seitlichen Dachflächen ist schräg und geht dann in eine vertikal stehende Wand auf. Ich hatte als Kind ein Thermometer für die Badewanne, das exakt dieses lastkahnartige Aussehen hatte, mit den zu den Spitzen abgerundeten Kanten. Auch im Zusammenhang mit diesen doppelt gekrümmten Dachflächen kommt uns die Sparrenkonstruktion sehr entgegen.

porary language. The decisive factor is certainly the highlighting of the address and of the entrance to the street through the gable surfaces. The floor plan of this transformation is more like a barge with vertical walls, without which the enormous spatial layout would not have been possible. Due to the fact that it is a roof, one assumes sloping roof surfaces. Despite the model, it took the jury a long time to understand that not all of the walls are sloping. Again and again the question arose about the roof areas in the classrooms and how to deal with the many roof windows.

In addition to the predominantly upright parts of the lateral roof surfaces, the gables are also vertical, right?

Yes, the gables are vertical, only the smallest part of the front side roof surfaces is slanted and then rises into a vertical wall. As a child I had a thermometer for the bathtub, which had exactly this barge-like appearance, with the edges rounded to the tips. Also in connection with these double-curved roof surfaces, the rafter construction is very attractive to us. This was a lot of fun, because it was not only about the translation of the form and materiality of a regionally occurring typology, but also about the spatial form for this school. There were seven school years to accommodate and the school itself always spoke of clusters. We developed small village squares on each floor, around which the rooms of each school year are convivially arranged.

Das hat besonders viel Spaß gemacht, weil es nicht nur um die Übersetzung von Bauform und Materialität einer regional vorkommenden Typologie ging, sondern auch um die räumliche Gestalt für diese Schule. Es waren sieben Klassenverbände unterzubringen und die Schule selbst sprach immer von Clustern. Wir haben pro Geschoss kleine Dorfplätze entwickelt, um die die Räume jedes Jahrgangsverbands gesellig angeordnet sind.

Modell oder Visualisierung

Erarbeitet Ihr diese Dinge wie die äußere Gesamtform des Gebäudes oder die innere Fügung der Räume an Modellen?

Tatsächlich haben wir für die Schule nur das städtebauliche Konzept im Modell entwickelt, und es gab einen ganzen Haufen dieser Modelle, anhand derer wir probiert haben, wie radikal die Form werden kann. Ansonsten arbeiten wir hauptsächlich 3D, städtebaulich aber immer am Modell, weil es wesentlich einfacher zu fassen ist.

Im Wettbewerb habt Ihr die Visualisierung der Gebäude bewusst diffus gelassen, sodass man Ziegel, aber vielleicht auch Reet sehen konnte. Die Visualisierungen Deiner Projekte haben eine ganz starke materielle Prägung. Man bekommt einen Eindruck von der Art und Weise, wie diese Räume oder Häuser in ihrer materiellen Wirkung gedacht sind. Entwickelt Ihr Materialität und Anmutung auch anhand von Visualisierungen?

Ja, unbedingt, das ist ganz wichtig und eigentlich auch einer der ersten Schritte,

tka Thomas Kröger Architekten: Am Deich © Thomas Kröger Architekten, Fotografie / Photograph: Jan Steenblock

Model or Visualisation

Do you develop these things, such as the outer overall shape of the building or the inner joining of the rooms to models?

In fact, we only developed the plan for the school as a model and there were a whole host of these models with which we tried out how radical the form could be. Otherwise, we mainly work in 3D, but always on the model in urban planning, because it is much easier to conceive.

In the competition you deliberately left the visualisation of the buildings vague, so that you could see bricks but maybe also reed. The visualisations of your projects have a very strong material influence. One gets an impression of the way these rooms or houses are thought in their material effect. Do you also develop materiality and impression in these visualisations?

die zur Überprüfung des Konzepts die-nen. Noch während der Arbeit am Grund-riss sind wir im Grunde schon an der Übersetzung des städtebaulichen Körpers in einen atmosphärischen. Alle Punkte, die Du eingangs beschrieben hast – Kontext, Licht, Material, Räumlichkeit, Typologie – lassen sich unter die Glocke der Atmosphäre bringen. Es ist wie das erzählerische Motiv, das sehr frühzeitig in die Wahl der Darstellung gebracht wird.

In Ostfriesland haben wir 2017 ein kleines Haus für eine vierköpfige Familie gebaut, das Backsteinhaus. Hier war klar, dass wir keine aufwendigen Renderings anle-gen, sondern nur auf Farbe reduzierte Darstellungen machen würden. Die Farbe stand sozusagen als Inbegriff für das Material. Für die Ausführung haben wir lange mit dem Ziegelwerk gearbeitet, denn die gleiche Farbe von Wand- und Dachziegeln war wichtig für die Erschei-nung des Hauses als Monolith.

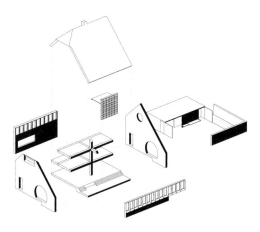

tka Thomas Kröger Architekten:
Am Deich © Thomas Kröger
Architekten

Yes, absolutely, this is very important and actually one of the first steps to check the idea. While we are still working on the floor plan, we are basically already translating the urban body into an atmospheric one. All the points you described at the beginning – con-text, light, material, space, typology – can all be described as forming the atmosphere. It is like the narrative motif that is brought into the choice of representation very early on.

In 2017 we built a small house for a family of four in East Frisia, the brick house. Here it was clear that we would not create elaborate renderings, but would only make representa-tions reduced to color. Colour was the epit-ome of the material, so to speak. We worked with the brickworks for a long time because the identical colour of wall and roof tiles was important for the appearance of the house as a monolith. We first decided on the roof tile and, together with it, we set the colour scheme for the bricks and then sent it to the brickworks to have the bricks fired. In this respect, the representation could only be a red house from the beginning, where no dis-tinction was made between roof and wall. It was always one thing, and all other decisions, such as the masonry bond, were made later and changed many more times.

What were the starting points for the design of this house?

Two things came together at the house: On the one hand, it's small enough to get one's head around, on the other hand, there's the combination of the construction of the house with the traditional typology of the local Gulf house. The clients, both in their early thirties, are deeply rooted in the area. The land is owned by the grandmother, his parents live

Wir haben zuerst den Dachziegel bestimmt und mit ihm die Vorgabe für die Farbigkeit der Mauerziegel und diese dann an das Ziegelwerk gegeben, um die Steine brennen zu lassen. Insofern konnte die Darstellung von Anfang an nur dieses rote Haus sein, wo zwischen Dach und Wand nicht unterschieden wurde. Es war immer eins, und alle anderen Entscheidungen, wie der Mauerwerksverband, wurden später getroffen und noch viele Male verändert.

Was waren die Ausgangspunkte für den Entwurf dieses Hauses?

Bei dem Haus kamen zwei Dinge zusammen: Zum einen hat es eine Größe, die man gedanklich auch in die Hosentasche stecken kann, zum anderen gibt es die Verbindung der Konstruktion des Hauses mit der traditionellen Typologie der Gulfhäuser. Die Bauherren, beide Anfang 30, sind sehr verwurzelt am Ort. Das Grundstück ist von der Großmutter, seine Eltern wohnen 500 Meter in die eine Richtung, ihre 500 Meter in die andere. Sie sind dort zuhause und wissen genau was sie wollen. Man selbst ist viel älter, hockt in Berlin, zweifelt, stellt infrage und startet die Dinge gerne immer nochmal neu. Ich habe mich gefragt, ob ich das überhaupt leisten kann, so jungen Menschen, die eine Verbindlichkeit mitbringen, die einem selbst abgeht, einen Anker zu bieten. Ich habe mir auch die Frage gestellt, wie messerscharf dieser vielleicht sein muss, damit sie aus ihren Gewohnheiten ausbrechen können. Mir war durchaus klar, dass es ein Stück weit auch ein Abenteuer für sie werden könnte, bei dem sie einen ziemlichen Schritt würden gehen müssen. Kurz vor Weihnachten legten wir den ersten Entwurf vor und

500 meters in one direction, hers 500 meters in the other. They're at home there and know exactly what they want. I'm much older, sitting in Berlin, doubting, questioning and starting things over and over again. I was wondering if I could even afford to provide an anchor for such young people who bring with them a commitment that I myself don't have. I also asked myself how radical it might have to be to break them out of their conventions. It was quite clear to me that it would also become an adventure for them to some extent, in which they would have to take a giant step. Shortly before Christmas we presented the first draft and a few days later received a long e-mail bemoaning their insomnia and ending with the sentence: We find it horrible. I just thought: Uh-oh! What do we do now? Then we talked on the phone and had a productive and somehow amusing conversation, in which they said that they felt helpless and simply didn't see any way out. Could I give them something to read so they would understand and be able to sleep again. I couldn't think of anything, but right after New Year's the next e-mail arrived, in which they wrote that they were sleeping even less now and were still

erhielten einige Tage später eine lange E-Mail, in der sie ihre Schlaflosigkeit zum Ausdruck brachten und die mit dem Satz endete: Wir finden es entsetzlich. Ich dachte bloß: Auweia!, was machen wir jetzt? Dann haben wir telefoniert und ein gutes und auch irgendwie lustiges Gespräch geführt, in dem sie meinten, dass sie einfach hilflos seien und keinen Weg fänden. Ob ich ihnen nicht irgendwas zu lesen geben könnte, damit sie das Ganze verstünden und auch wieder zu Schlaf fänden. Mir ist nichts eingefallen, aber direkt nach Neujahr kam die nächste E-Mail, in der sie schrieben, dass sie jetzt noch weniger schlafen würden und ganz aufgeregt seien, aber total glücklich. Sie könnten es gar nicht erwarten, das Vorhaben zu starten, und es würde ihnen sehr leid tun, sie wären mit ihren eigenen Konventionen nicht klar gekommen und wären total gespannt, was jetzt passiert.

Was hast Du ihnen zu lesen gegeben?

Nichts!
Aber ich kann das gut nachvollziehen, denn eine Entscheidung für den Bau eines Hauses bringt sicherlich ganz viele Ängste mit sich. Ich hatte ihre Anfrage sicherlich dreimal abgesagt, weil es für mich nicht darstellbar war und ich auch bezüglich des Budgets größte Bedenken hatte. Aber sie wollten, und wir haben uns geeinigt, dass sie die Kostenverantwortung tragen und ich unter der Bedingung plane, dass wir das Haus genau so kompromisslos bauen.

Auch bei diesem Haus ist die Orientierung an einer Typologie des unmittelbaren Orts prägend für seine Erscheinung. Es wäre sicherlich anders geworden, wenn Du

nervous, but totally happy. They couldn't wait to start the project and they were very sorry because they had been struggling with their own conventionalism, and were really curious about what would happen next.

What did you give them to read?

Nothing!
But I can totally understand their position, because the decision to build a house is certain to raise many fears. I think I turned down their request three times because it didn't seem feasible for me and I also had great reservations about the budget. But they wanted to carry on and we agreed that they would bear responsibility for the costs and that I would plan on the condition that we would build the house just as uncompromisingly.

In this house, too, the orientation towards a typology of the immediate location is formative for its appearance. It would certainly have been different if you hadn't studied the typology of the Gulf houses in depth. And again a kind of strange, likeable type has emerged, which you basically only understand when you look at it more closely in the context of its surroundings. It is not a formal idea, but an architecture developed from the location and its functional-spatial, material and structural transformation into the present. The Gulf becomes the main room of the residential building, shows the striking supporting structure, which reminds one of the original stud construction and, as its largest room, gives the house its volume and, with it, also the footing necessary in this wide landscape. How did you succeed in transforming this traditional type of house into a contemporary one?

Dich nicht intensiv mit der Typologie der Gulfhäuser befasst hättest. Und wieder ist ein irgendwie schräger, sympathischer Typ entstanden, den man im Grunde erst versteht, wenn man ihn im Kontext seiner Umgebung genauer betrachtet. Es ist keine formale Idee, sondern eine aus dem Ort heraus entwickelte Architektur und deren funktional-räumliche, materielle und strukturelle Transformation in die Gegenwart. Der Gulf wird Hauptraum des Wohnhauses, zeigt das markante Tragwerk, das an die ursprüngliche Ständerbauweise erinnert und gibt als größter Raum dem Haus sein Volumen und mit diesem auch den in dieser weiten Landschaft notwendigen Halt. Wie gelingt Dir diese Umformung vom traditionellen Typus in ein gegenwärtiges Wohnhaus?

Es ist kein direkter Schritt aus dem Bestand in die eigene Entwurfsstärke. Der Zwischenschritt kam mit der Besichtigung eines alten Gulfhofs. Diese Scheunen sind unglaublich mächtig, von fast kathedralischem Ausmaß und mit beeindruckenden Konstruktionen. Ich habe mich gefragt, wie wir daraus ein Taschenformat machen könnten, ohne die Kraft der Konstruktion zu verlieren. Der entscheidende Impuls waren Erinnerungen an Reisen nach Japan. Kazuo Shinohara. Archiv und Werkzeug in einem. Er hat es geschafft, die Überdimensionierung von Konstruktionen als raumbildendes Element in seine auch relativ kleinen Häuser zu übertragen. Die Abstraktion von Dimensionierung und Raum hat geholfen, die Konstruktionsart des Gulfs in dieses Format des Ein-Gulf-Hauses zu bringen. Ein Gulf ist die Abmessung einer Ernteeinheit, die man einlagern kann. Darüber begann dann der Dialog im

It is not a direct step from the existing building to your own design skills. The intermediate step came with the visit to an old Gulf farm. These barns are incredibly imposing, almost cathedral-like in size and of impressive construction. I was wondering how we could make it a habitable size without losing the power of its structure. The decisive impetus were memories of trips to Japan. Kazuo Shinohara. Archive and tools in one. He has managed to take supersized structures and use them as space-forming elements in his relatively small houses. The abstraction of dimensions and space helped to convert the construction method of the Gulf into the single-Gulf house format. A Gulf is the dimension of a storable harvesting unit. This started a dialogue in the office, where we finally had to take the structural engineer with us, because the construction is actually oversized. We could have used a cross section of 20 x 20 cm for the supporting column, but it measures 40 x 40 cm. However, this dimension is vital in order to create a construction that can stand alone.

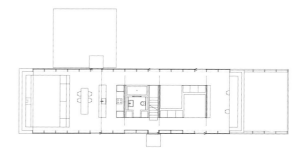

tka Thomas Kröger Architekten: Schwarzes Haus, Grundriss / Black House, floor plan
© Thomas Kröger Architekten

tka Thomas Kröger Architekten: Schwarzes Haus / Black House
© Fotografie / Photograph: Ina Steiner

Büro, bei dem wir letztlich auch den Statiker mitnehmen mussten, denn die Konstruktion ist tatsächlich überdimensioniert. Wir wären mit einem Querschnitt von 20 x 20 cm für die tragende Stütze ausgekommen, sie hat jedoch 40 x 40 cm. Aber diese Dimension braucht es, um als Konstruktion allein stehen zu können.

Der Umgang mit dem Kontext und die Erinnerungen aus dem Archiv sind damit gleichermaßen Entwurfswerkzeuge für die architektonische Transformation vom Vorgefundenem zum Neuen wie auch Werkzeug für die Vermittlung, sowohl intern im Büro als auch nach außen. Wie triffst Du eine Entscheidung für die Wahl des richtigen Werkzeugs?

Im Grunde ist es eine sehr subjektive Auswahl von Dingen, die zur Anreicherung herangezogen werden und im besten Fall Sinn ergeben. Auch beim Schwarzen Haus, das 2010 in der Uckermark errichtet wurde, gab es eine intensive Auseinandersetzung mit der Typologie der Siedlerhäuser und die Erinnerung an hölzerne

The handling of the context and the memories from the archive are thus equally tools for the architectural transformation from what is already there to what is new, as well as for communication both internally in the office and to the outside. How do you make a decision for the right tool?

Basically, it is a very subjective selection of things that are used for augmentation and in the best case make sense. The Black House, which was built in 2010 in the Uckermark, also dealt intensively with the typology of the settlers' houses and the memory of wooden barns in Texas. These have ventilation hoods all over the rooftops and are this quite striking. We wondered where we could place these as converted dormers at the Black House. Some extend to the gable wall. As the gable wall and dormer merge, this side becomes the iconography of the house. When one comes along the road, one drives towards this closed gable wall and immediately recognises the house by its symbolic character.

The familiar is created through the typology of the place, the transformation of the house, giving it its own unique character, occurs through the image of the Texan barn. The resulting identity-defining building form contains an interior space that is surprising in two ways: it is black all over and opens completely to the landscape on the long sides. Despite its blackness, the room has an almost pavilion-like lightness.

Since everything inside is black or dark and there are no self-reflections in the spaces, the house has a certain serverity to it. I have travelled a lot in Asia and also had this spatial experience on a trip to China. It was at the

Barns in Texas. Diese haben überall Lüftungshauben auf den Dächern und sind dadurch ziemlich signifikant. Wir haben uns gefragt, wo wir diese, beim Schwarzen Haus zu Gauben gemachten Elemente hinschieben könnten. Teilweise rücken sie bis an die Giebelseite. Durch das Heranrücken und Verschmelzen von Giebelwand und Gaube wird diese Seite zur Ikonografie des Hauses. Wenn man die Straße entlang kommt, fährt man auf diese geschlossene Giebelwand zu und erkennt das Haus unmittelbar an seiner Zeichenhaftigkeit.

Das Vertraute wird über die Typologie geschaffen, die Transformation zum eigenen Charakter des Hauses erfolgt über das Bild der texanischen Scheune. Die sich daraus entwickelnde identitätsstiftende Gebäudeform birgt einen Innenraum, der auf zweierlei Weise überraschend ist: Einerseits ist er durchgängig schwarz und öffnet sich andererseits an den Längsseiten komplett zur Landschaft. Trotz der Schwärze hat der Raum eine pavillonhafte Leichtigkeit.

Da innen alles schwarz oder dunkel ist und es keine Eigenreflektionen der Räume gibt, hat das Haus eher eine Schwere. Ich bin viel in Asien gereist und habe auch diese Raumerfahrung auf einer China-reise gemacht. Es war am Beginn des Himalayas, wo an einer Geländekante ein Kloster verschiedene Orte wie an einer Kette verband. Auf einer Wanderung sind wir an einem dieser Tempel angekommen, dessen schweres Dach einen geradezu einsaugte. Alle hölzernen Verkleidungen waren abgenommen und es gab nur den Sockel und das Dach. Von innen konnte man, nur über diesen Horizontalausschnitt zwischen Boden und Decke, die

tka Thomas Kröger Architekten: Schwarzes Haus / Black House © Fotografie / Photograph: Ina Steiner

beginning of the Himalayas, where at one edge of the terrain a monastery connected different places like a link on a necklace. On one of our hikes we arrived at one of these temples, whose heavy roof almost sucked you in. All the wooden panelling was removed and there was only the base and the roof. From the inside, through this sole horizontal section between floor and ceiling, one could perceive the landscape much more intensely than outside the room. Outside there was just too much to see and the focus was missing. But more important than this framing was the fact that you were sitting in the dark. As a result, the colourfulness that prevailed outside was more intensely perceptible and you were also able to perceive things with a greater peace of mind. I tried to record it in a drawing in my sketchbook. Many years later I found a much better sketch by Jørn Utzon, in which he had simply drawn a base and a roof, without the vertical elements in between. When it came to

Landschaft viel intensiver wahrnehmen als außerhalb des Raums. Draußen waren es einfach zu viele Eindrücke und es fehlte der Fokus. Aber entscheidender noch als diese Rahmung war die Tatsache, dass man im Dunkeln saß. Dadurch war die Farbigkeit, die draußen vorherrschte, intensiver wahrnehmbar und man hatte auch eine größere Ruhe, die Dinge wahrnehmen zu können. Ich habe damals versucht, es in einer Zeichnung in meinem Skizzenbuch festzuhalten. Viele Jahre danach fand ich eine viel tollere Skizze von Jørn Utzon, in der er einfach nur einen Sockel und ein Dach gezeichnet hatte, ohne die vertikalen Elemente dazwischen. Als es dann um dieses Grundstück in der Uckermark ging, mit seinen zwei völlig unterschiedlichen Seiten, kam mir dieser gefasste Blick wieder in den Sinn. In die eine Richtung blickt man in die weiche, tiefe Hügeligkeit der Uckermark, mit vom Wind quergedrückten Kiefern, gegenüber liegt eine Auenlandschaft mit einer pappelartigen Wand, die einen Bach begleitet. Beides will man vom Haus aus unbedingt sehen. So kam es zu der Lage des Hauses mit dieser beidseitigen Verglasung. Die Vertikalität der Pappeln wollte ich allerdings mit ins Haus nehmen, daher gibt es keine rahmenlosen Panoramascheiben, sondern bewusst diese Stabkonstruktion.

Licht und Raum

Du beschreibst prägnant die Ruhe und das Dunkel des Raums, die die Wahrnehmung der Landschaft intensivieren. Spielt das auch in anderen Häusern von Dir eine Rolle? Wie arbeitest Du mit Licht als Material?

the property in the Uckermark, with its two completely different sides, this framed view came back to my mind. In one direction one looks into the soft, deep hills of the Uckermark, with pines leaning in the wind, opposite lies a meadow landscape with a poplar-like wall that follows a stream. You really want to see both from the house. This is how the house with its double-sided glazing came to be situated. However, I wanted to take the verticality of the poplars into the house, so there are no frameless panorama windows, but rather a deliberate use of this rod construction.

Light and Space

You succinctly describe the peace and darkness of the space, which intensify the perception of the landscape. Is this an issue in other buildings of yours? How do you work with light as a material?

I think it is very important to know whether one wants to calm down and let oneself go in a space or whether it should stimulate activity. At the Black House the memory was still very strong that you can almost be lulled to sleep by a building, because you can just switch off and look into this scenic depth. In the Black House it is really the case that you actually want to sleep as soon as you arrive. At first we thought there might be something wrong there, because you become so drowsy there and just want to relax. But it is simply because you feel welcome in the house and protected.

The situation is similar at the Werkhaus in the Uckermark, which we completed in 2012. The house opens very considerably to the south. The landscape's coming towards you.

Ich glaube, dass es ganz wichtig ist, ob man in Räumen zur Ruhe kommen und sich darin gehen lassen möchte oder ob sie eher zur Betriebsamkeit anregen sollen. Beim Schwarzen Haus war die Erinnerung noch sehr stark, dass man durch ein Gebäude fast in den Schlaf gedrückt werden kann, weil man so runterfährt und einfach nur in diese landschaftliche Tiefe blicken kann. Im Schwarzen Haus ist es tatsächlich so, dass man eigentlich gleich schlafen möchte, wenn man ankommt. Anfangs dachten wir, es sei dort vielleicht irgendetwas im Argen, weil man so schwer wird und sich erholen kann. Aber es liegt einfach daran, dass man aufgenommen wird vom Haus und sich geschützt fühlt.

Beim Werkhaus in der Uckermark, das wir 2012 fertiggestellt haben, ist es ähnlich. Das Haus öffnet sich ganz stark nach Süden. Die Landschaft saust auf einen zu. Man selbst sitzt unter der sichtbaren Nagelbinderkonstruktion, die den Raum dominiert und ist auch dort durch eine dunkle Decke geschützt. Während alle anderen Räume der Werkstatt und des Wohnteils eher nüchtern und hell sind, ist der Hauptraum ein Ort, an dem man sich auf die Dinge konzentrieren kann, die drinnen oder draußen auf der Wiese stattfinden.

Handwerk

Beim Werkhaus ist das Handwerk auf zweierlei Weise präsent: einerseits durch die Art und Weise wie Du mit den Mitteln der Architektur das belanglose Bestandsgebäude zu diesem neuen Ort für das Handwerk gemacht hast, andererseits durch die Handwerklichkeit, mit der das

You sit under the visible nail truss construction that dominates the room and are similarly protected by a dark ceiling. While all the other spaces in the workshop and the living area are rather sober and bright, the main room is a place where you can concentrate on the things that take place inside or outside in the meadow.

Craftsmanship

At the Werkhaus, craftsmanship is present in two ways: on the one hand through the way you have made the insignificant existing building into this new place for craftsmanship by means of the architecture, and on the other through the craftsmanship with which the building was built. Has the use of the building influenced the way the house is made?

Yes, absolutely! Unlike all the other houses we were able to build, which are more like holiday homes or private houses, the aim

tka Thomas Kröger Architekten: Werkhaus / Workshop © Fotografie / Photograph: Thomas Heimann

Gebäude errichtet wurde. Hat die Nutzung des Gebäudes die Art und Weise, das Haus zu machen, beeinflusst?

Ja, unbedingt! Denn ganz anders als alle anderen Häuser, die wir bauen durften und die eher Lusthäuser oder private Wohnhäuser sind, ging es hier darum, ein Gewerbe unterzubringen. Das war die Chance, noch einmal anders über die Materialität nachzudenken. Das Gebäude ist ein reiner Funktionsbau, der zwar auch zu Wohnzwecken, maßgeblich jedoch als Gewerbebau genutzt wird. Auf dem Land sind diese Gebäude meistens agrarwirtschaftlich gebrauchte Unterstellräume für Maschinen und anderes, sodass sich dieses blecherne Kleid anbot, aus Kostengründen ebenso wie auch in seiner Verwandtschaft zu den Nutzgebäuden der Umgebung. Die drei Volumen – Werkstatt, Hauptraum und Wohnteil – werden durch eine Haut aus grünem Wellblech, die über Dach und Wand liegt, zusammengebunden. Das Tolle an dem Blech ist, das man es Bombieren kann. Das Haus steht am Ende dieses anbrausenden Hügels, und ich hatte den Eindruck, dass die Geschwindigkeit der Landschaft eigentlich stromlinienförmig über das Haus weitergeführt werden müsste. Deswegen gibt es auch keine Dachdetails am Haus. Dach und Wand sind eins und das Regenwasser läuft über die Bombierung bis zum Boden ab. Dank der kieshaltigen Böden in der Uckermark und der leicht erhöhten Lage des Hauses funktioniert das mit Drainage. Damit haben wir dem an sich leichten Material etwas Schwereres gegeben. Die Stirnseiten hingegen sind mit einer unbesäumten Lärchenholzbeplankung versehen.

here was to accommodate a trade. This was a chance to think differently about the materiality. The Werkhaus is a purely functional building, which is also used for residential purposes, but mainly as a commercial building. In the countryside, these buildings are mostly used as shelters for machines and other agricultural purposes, so that this sheet metal cladding was suitable, for economic reasons as well as in its relationship to the utility buildings of the surrounding area. The three spaces, workshop, main room and living area, are bound together by a covering of green corrugated iron over the roof and wall. The great thing about this sheet metal is that it can be cambered. The house stands at the end of this rolling hill and I had the impression that the monumentum of the landscape should actually be continued in a streamlined fashion across the house. That's why there are no roof details on the house. Roof and wall are one and the rainwater drains down to the ground via the corrugation. Thanks to the gravelly soils in the Uckermark and the slightly elevated location of the house, this works as a drainage system. In this way we have given the material, which is in itself light, more weight. The front sides, on the other hand, are covered with untrimmed larch wood.

How was the building constructed?

It was constructed in sections. First we planned and produced the actual work space in such a way that the machine set-up made sense for the operational sequence. While the rest of the existing building was demolished, we produced the roof trusses in this machine space, together with the client. This collaboration with someone who actually creates furniture and works with solid wood was really great. He brought his extensive knowledge of

Wie wurde das Haus gebaut?

Das Gebäude wurde in Abschnitten errichtet. Als erstes haben wir den eigentlichen Werkraum geplant und hergestellt, und zwar so, dass die Maschinenstellung Sinn für den betrieblichen Ablauf ergab. Während der Rest des Bestandsgebäudes abgebrochen wurde, haben wir in diesem Maschinenraum, zusammen mit dem Bauherrn, die Nagelbinder hergestellt. Diese Zusammenarbeit mit jemandem, der ja eigentlich Möbel entwickelt und mit Vollholz arbeitet, war ganz toll. Sein fantastisches Wissen über den Werkstoff Holz hat er voll eingebracht und die Schablonen gebaut, mit denen die Binder gesetzt wurden.

Das heißt, Ihr habt als erstes den Werkstatttrakt soweit fertiggestellt, dass die Maschinen aufgestellt und mit ihnen die Bauteile für den nächsten Bauabschnitt angefertigt werden konnten?

Richtig. Und zwar ausschließlich die Nagelbinder. Während sie hergestellt wurden, haben wir mit einer Zimmerei den konventionellen Zimmermannsbau gefertigt. Der Bauherr war nur für die Schönheit der dann sichtbaren Holzkonstruktion zuständig, während der Rest der Konstruktion, also der konventionelle Zimmermannsbau, verkleidet wurde. Das hat total Spaß gemacht, auch wenn es den Bauherrn an den Rand seiner physischen Möglichkeiten brachte, zumal er während dieser Zeit auch noch im Haus lebte. So ist das Werkhaus im Grunde in einer ganz althergebrachten Manier entstanden.

wood to bear and made the stencils that were used to set the trusses.

So the first thing you did was to complete the workshop section so that the machines could be set up and the components for the next construction phase could be manufactured with them?

Right. And only the trusses. While they were being manufactured, we built the conventional joinery with a joiners' firm. The client was only responsible for the beauty of the exposed wooden construction, while the rest of the wooden construction, i.e. conventional carpentry, was clad. This was a lot of fun, even if it brought the client to the limit of his physical capabilities, especially since he was also living in the house at that time. So the Werkhaus was basically built in a very traditional manner.

tka Thomas Kröger Architekten: Werkhaus / Workshop © Fotografie / Photograph: Thomas Heimann

Konzept

Das Konzept ist das, woran sich alle Entscheidungen im Entwurfsprozess messen und überprüfen lassen, seien sie struktureller oder materieller, typologischer oder gestalterischer Art. Wenn es schlüssig ist, klären sich Entscheidungen bisweilen fast von selbst. Was heißt das für Dich? Spielt es eine Rolle für Deine Arbeit?

Ich glaube schon, dass es eine Rolle spielt. Man muss sich das eigentlich wie mit einer gebügelten Tischdecke vorstellen, die man auf einen Tisch legt. Es dauert einfach eine ganze Weile, bis die Bügelfalten weg sind und das Tischtuch so liegt, dass man das Gefühl hat, es liegt schon immer dort. Das funktioniert nur, indem man es immer wieder glatt streicht. Das gilt auch für die Erarbeitung architektonischer Konzepte. Man versucht, die Dinge auszuhebeln, die einer kritischen Betrachtung nicht Stand halten. Und die gibt es immer. Wichtig scheint mir, dass am Anfang eine Grundsatzentscheidung gefällt wird, auf die man sich einlässt und mit der man arbeitet. Sollte man auf dem Weg aber feststellen, dass sie Nonsens ist, weil sich die Aufgabe mit ihr nicht lösen lässt, dann muss man ganz schnell abspringen.

Concept

The concept is the benchmark against which all decisions in the design process can be measured and reviewed, whether structural or material, typological or creative. When it is coherent, decisions are sometimes almost self-explanatory. What does that mean to you? Does it play a role in your work?

I think it does matter. You have to think of it as if you were ironing a tablecloth and putting it on a table. It just takes a long time until the creases are gone and the tablecloth is laid in such a way that you have the feeling that it has always been there. This only works by smoothing it out again and again. This also applies to the development of architectural concepts. You're trying to eliminate those things that won't stand up to critical scrutiny. And there always are some. It seems important to me to make a fundamental decision at the beginning that you use as a starting point for your work. But if you find out on the way that it's nonsense, because the task can't be solved with it, then you have to bail out very quickly.

Manufaktur
Manufactory

Manufaktur

Papierschöpfer oder Buchbinder, Rasierpinsel- oder Seifenmacher, Destillateur oder Chocolatier – es sind die feineren handwerklichen Berufe, die in zentraler Lage in der Stadt zu finden sind. Zusammen mit den ihnen entsprechenden öffentlichen Nutzungen, wie Papierladen oder Buchhandlung, Barbier oder Maniküre, Bar oder Café, bildet die Architektur im innerstädtischen Kontext den Ort für das konzentrierte Arbeiten und schafft gleichzeitig den Rahmen für die Präsentation und den Verkauf der in den Manufakturen gefertigten Produkte.

Aus den jeweiligen Nutzungen entwickeln sich die funktionale Organisation und die eigenständige Struktur des Hauses. Materialität, Raumgefüge, Bezug von Innen- und Außenraum werden aus den Anforderungen der Nutzung, dem Kontext und der Konzeption entwickelt. Die Wertigkeit der in den Manufakturen verarbeiteten Materialien und die Sorgfalt, mit der sie von Hand bearbeitet und gefügt werden, spiegeln sich gleichermaßen in der inneren wie äußeren Erscheinung des Gebäudes wider.

Manufactory

Papermakers or bookbinders, shaving brush or soap makers, distillers or chocolatiers – these are the more skilled crafts that can be found in a city centre. Together with their corresponding public services, such as a paper shop or bookstore, barber or manicurist, bar or café, the architecture in the inner-city context forms the setting for concentrated work and at the same time creates the framework for the presentation and sale of the products manufactured in workshops.

The functional organisation and independent structure of the workshop buildings develop from their respective uses. Materiality, spatial structure, relation of interior and exterior space are derived from the requirements of use, context and conception. The quality of the materials used in the workshops and the care with which they are crafted and forged by hand are equally reflected in the internal and external appearance of the building.

Relief und Materialgefüge / Relief and Assemblage
Tony Fretton: Lisson Gallery (Hinda Bouabdallah), Claus en Kaan: Idenburg House (Elisabeth Reischl), Herzog & de Meuron: Schützenmattstraße (Nathalie Kalwa), Carlo Scarpa: Olivetti Showroom (Laura Brixel), Buchner Bründler: Lofthaus (Valentin Goetze), Claus en Kaan: Haarlemmerbuurt (Virginia Zangs), Tadao Ando: Rowhouse (Leonie Wolf), Zanderroth: ch39 (Karolina Falladová), Adolf Loos: Tristan Tzara House (Simon Rott), David Adjaye: Elektra House (Dominik Thoma), Auguste Perret: Atelier Orloff (Maria Font Vilarrasa)

Klaus Theo Brenner: Haus Dahm-Courths (Franziska Vogl), Claus en Kaan: Hoogte and
Laagte Kadijk (Lara Ziegler), Diener & Diener: Bäumleingasse (Jason Tan), Beat Consoni:
Edition Panorama (Peter Prey), Tony Fretton: Red House (Renée Faveere), Frank Lloyd
Wright: V.C. Morris Gift Shop (Ludwig Marx), David Chipperfield: Joachimstraße (Lisa
Schweigert), 6a Architects: Paul Smith, 11 Albemarle Street (Barbara Patecki)

Relief / Relief
Tony Fretton: Lisson Gallery (Hinda Bouabdallah), Tadao Ando: Rowhouse (Leonie Wolf), Buchner Bründler: Lofthaus (Valentin Goetze), Claus en Kaan: Idenburg House (Elisabeth Reischl), Herzog & de Meuron: Schützenmattstraße (Nathalie Kalwa), Adolf Loos: Tristan Tzara House (Simon Rott), Zanderroth: ch39 (Karolina Falladová), Claus en Kaan: Haarlemmerbuurt (Virginia Zangs), Carlo Scarpa: Olivetti Showroom (Laura Brixel), Auguste Perret: Atelier Orloff (Maria Font Vilarrasa), Klaus Theo Brenner: Haus Dahm-Courths (Franziska Vogl), David Adjaye: Elektra House (Dominik Thoma), Beat Consoni: Edition Panorama (Peter Prey), Claus en Kaan: Hoogte and Laagte Kadijk (Lara Ziegler), Tony Fretton: Red House (Renée Faveere), Frank Lloyd Wright: V.C. Morris Gift Shop (Ludwig Marx), David Chipperfield: Joachimstraße (Lisa Schweigert), 6a Architects: Paul Smith, 11 Albemarle Street (Barbara Patecki)

Relief und Materialgefüge

Eine Studie widmet sich der Betrachtung von Bauwerken hinsichtlich ihrer architektonischen Konzeption und materiellen Ausprägung. Im Relief treten die Struktur der Fassaden in ihrer Tiefenstaffelung und die Oberflächenbeschaffenheit in den Vordergrund und werden gegebenenfalls überhöht. Die Materialien, die die Erscheinung des Gebäudes wesentlich prägen, werden in einer räumlichen Collage zusammengestellt. Als Materialgefüge bringt es die gestalterische Relevanz und Gewichtung der Materialien der Gebäudefassade zum Ausdruck.

Relief and Assemblage

One study is devoted to the consideration of buildings with regard to their architectural conception and material characteristics. In relief, the structure of the facades in their depth and surface quality come to the fore and may be exaggerated. The materials that characterise the appearance of the building are assembled in a spatial collage. As a material texture it expresses the design relevance and weighting of the materials on the building facade.

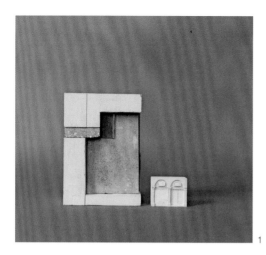

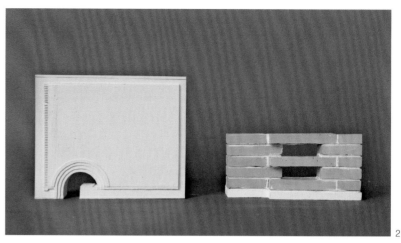

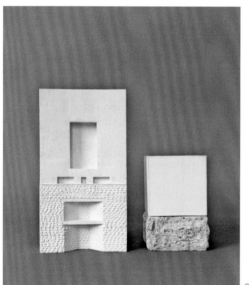

Relief und Materialgefüge / Relief and Assemblage
1 Carlo Scarpa: Olivetti Venedig / Venice, 1958 (Laura Brixel)
2 Frank Lloyd Wright: V.C. Morris Gift Shop, San Francisco, 1948 (Ludwig Marx)
3 Adolf Loos: Haus Tristan Tzara, Paris, 1926 (Simon Rott)
4 Buchner Bründler: Lofthaus Basel, 1998–2002 (Valentin Goetze)

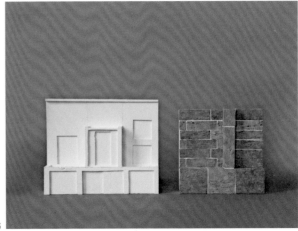

5

6

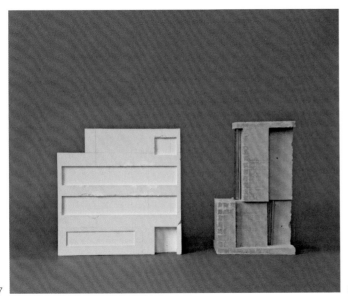

7

8

5 Tadao Ando: Azuma House, Osaka, 1976 (Leonie Wolf)
6 Tony Fretton: Red House, London, 2001/2011 (Renée Faveere)
7 Beat Consoni: Edition Panorama, Mannheim, 2008 (Peter Prey)
8 David Chipperfield: Joachimstraße, Berlin, 2007–2013 (Lisa Schweigert)

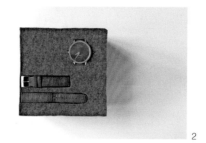

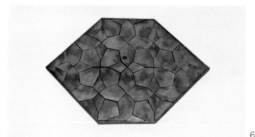

Produkt und Präsentation / Product and Presentation
1 Handschuhe / Glove (Lisa Schweigert, Virginia Zangs), Material: Bodendecker / Ground cover
2 Armbanduhr / Watch (Hinda Bouabdallah, Ludwig Marx), Material: Filzblock / Felt block
3 Krawatte / Tie (Laura Brixel, Valentin Goetze, Nathalie Kalwa), Material: Holzbohle / Wooden beam
4 Seife / Soap (Karolina Falladová, Renée Faveere, Maria Font Vilarrasa), Material: Speckstein / Soapstone
5 Rasierpinsel / Shaving Brush (Elisabeth Reischl, Franziska Vogl), Material: Beton eingefärbt / Coloured concrete
6 Blockmalz / Malt sugar (Peter Prey, Simon Rott), Material: bemalte Gipsstücke in Holzrahmen / Painted plaster pieces in wooden frame

Produkt und Präsentation

Die Art der Präsentation eines von Hand gefertigten Produkts betont dessen Spezifikum und rückt es in den Fokus der Betrachtung. Die Materialität des Objekts kontrastiert oder harmoniert mit dem Produkt, das es exponiert. Das Objekt ist primär aus einem Material gemacht und entspricht in der Sorgfalt, mit der es gefertigt ist, dem Produkt, das es hervorhebt. Die Art und Weise des Gebrauchs des Produkts, seine Materialität oder Form, seine Festigkeit oder Weichheit können Anregungen für die Art des Präsentationsobjekts sein.

Product and Presentation

The way in which a handmade product is presented emphasises its specificity and places it at the centre of attention. The materiality of the object contrasts or harmonises with the product it is used to present. The object is primarily made of one material and corresponds in the care with which it is crafted to the product it highlights. The way in which the product is used, its materiality or form, its strength or softness and other aspects may suggest the type of object presented.

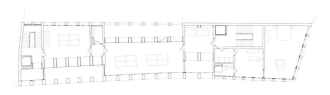

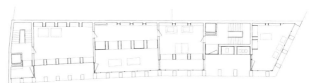

Buchbinderei / Bookbindery
Laura Brixel
1 Fotografie Innenraummodell / Photograph of model of interior
2 Grundrisse / Floor plans
3 Gebäudemodell, Maßstab 1:100 / Building model, scale 1:100

3

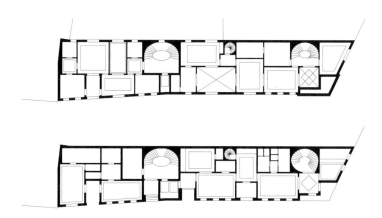

Ginmanufaktur / Gin Distillery
Peter Prey, Simon Rott
1 Gebäudemodell, Maßstab 1:100 / Building model, scale 1:100
2 Grundrisse / Floor plans

3

4

5

Fotografien von Innenraummodellen / Photographs of models of interior
3 Gastraum / Guest room
4 Atrium / Entrance hall
5 Bar / Bar

1

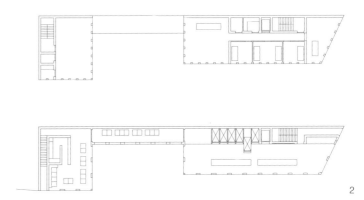

2

Papiermanufaktur / Paper Production Workshop
Valentin Goetze, Nathalie Kalwa
1 Fotografie Innenraummodell / Photograph of models of interior
2 Grundrisse / Floor plans

Manufaktur / Manufactory

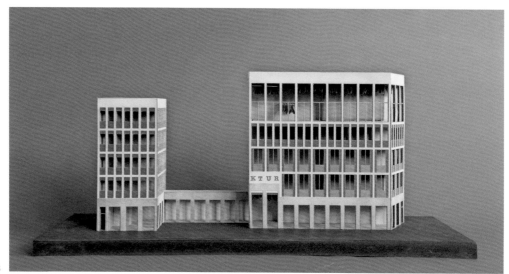

3

4

3 Gebäudemodell, Maßstab 1:100 / Building model, scale 1:100
4 Kohleskizze der Gebäudeansicht / Coal sketch of building front

Ortssinn, Zeitlichkeit und Handwerk
Sense of Place, Temporality and Craftsmanship
Andreas Bründler im Gespräch
In Conversation with Andreas Bründler

Uta Graff
Zu welchem Zeitpunkt im Entwurfsprozess thematisiert Ihr die Materialität
der Architektur?

Uta Graff
At what point in the design process
do you address the materiality of
architecture?

Andreas Bründler
**Sehr früh. Die eine Gegebenheit kommt
sicherlich vom Ort her. Wenn ich mich auf
unsere frühen Arbeiten zurückbesinne,
haben wir oftmals schon bei der Besichtigung eines Orts über die Materialität des
Gebäudes nachgedacht und uns gefragt,
welches Material der Ort braucht und wo-
mit wir dort arbeiten wollen. Gegenwärtig
ist das immer noch ein wichtiger Punkt,
doch die Situationen und die Aufgaben-
stellungen sind komplexer geworden und
weitere Themenbereiche prägen und definieren die Frage nach dem Material.**

**Grundsätzlich ist es entscheidend, das
Material über den Ort zu erkunden, denn
ich glaube, dass die Materialisierung das
stärkste Mittel ist, um im Kontext atmosphärisch agieren zu können und damit
die gebaute Umgebung zu beeinflussen.
Natürlich ist auch die Aufgabe selbst, die
Frage, um was es überhaupt geht, wo wir
uns befinden und was wir typologisch gesehen bauen wollen, entscheidend. Das
Material hingegen ist das direkteste und
emotionalste Mittel, um darauf eine Antwort zu geben.**

Andreas Bründler
Very early on. One of the givens is most certainly a question of location. When I think
back to our early projects, when we visited a
site we were often already thinking about the
materiality of the building and asking ourselves what material the site needed and
what we wanted to work with there. These
days this is still an important consideration,
but the conditions and the challenges have
become more complex and other themes
shape and define the question of the material.

Basically, it is crucial to explore the material
on site, because I believe that materialisation
is the strongest means of acting atmospherically in the context and thus influencing the
built environment. Of course, the task itself,
the question of what is at stake, where we are
and what we want to build typologically is also
decisive. The material, on the other hand, is
the most direct and emotional means of providing an answer.

The context can be changed. With each
new addition, it undergoes a spatial expansion and acquires a new atmospheric
character.

Der Kontext ist veränderbar. Erfährt er nicht mit jeder Einfügung eine räumliche Erweiterung und neue atmosphärische Prägung?

Über das Material versuchen wir, ein Gebäude am Ort zu verankern. Oder eben auch den kontextuellen Zusammenhang neu zu denken. Das Maß der Veränderung lässt sich sehr fein gradieren. Man kann Gebäude in ein architektonisches Umfeld einbetten und kontextuell unterordnen oder auch eine Art Gegenposition zum Vorgefundenen einnehmen und somit versuchen, über den eigentlichen Aktionsraum hinaus eine Reaktion zu bewirken. Dies kann man vielleicht anhand der Einflussnahme der Moderne illustrieren, die auch den Neubeginn postuliert hat und wenig Rücksicht nahm auf ein gewachsenes Gefüge. Zwischen diesen Extrempositionen bewegen wir uns bei jeder Aufgabe und an jedem Ort. Auf jeden Fall geht es um ein produktives Weiterdenken des Orts und hier ist das Material wesentlich.

Manche Orte haben eine klare Materialprägung, die in der Regel aus dem Kontext heraus entstanden ist. Eine Architektur kann sich einfügen oder entgegensetzen. Wie geht Ihr damit um?

Es gibt Städte, die einen klaren Materialcode haben. Die Stadt der Steine, die gläserne oder die hölzerne Stadt. Letztere ist sicherlich eher im asiatischen Raum zu finden. Dort hat die hölzerne Architektur einen hohen Stellenwert. Das Material ist wichtig und schafft Identität. In einer Zeit der oftmals unkontrollierten Veränderungen tendieren wir eher in Richtung Integration, um den inneren Zusammenhalt eines

Using the material, we try to anchor a building in the location. Or even to rethink the surrounding context. The degree of change can be graded very finely. Buildings can be embedded in an architectural environment and subordinated in context, or they can take on a kind of counterposition to what is already there and thus try to bring about a reaction beyond the actual sphere of action. This can perhaps be illustrated by the impact modernity had, which also postulated a new beginning and showed little consideration for an evolved structure. We move between these extreme positions in every task and at every location. In any case, it is about a productive rethinking of the location and in this respect the material is central.

Some places have a clear material character, which usually originates from the context. Architecture can fit in or oppose itself. How do you deal with that?

There are cities that have a clear material code. The city of stones, of glass or the wooden city. The latter is certainly more likely to be found in Asia. Wood in architecture is of great importance there. The material is important and creates identity. In a time of often unpredictable changes, we tend towards integration in order to strengthen the inner cohesion of a place. In this sense, it is a very serious task and one of the first questions we attempt to answer with architecture.

Concrete shapes most of your buildings. What appeals to you about this basically characterless material? What potential does concrete have for you? What qualities do you extract from it?

Orts zu stärken. In diesem Sinne ist es eine sehr ernstzunehmende Aufgabe und eine der ersten Fragestellungen, auf die wir mit der Architektur eine Antwort geben.

Beton prägt die meisten Eurer Bauten. Was reizt Euch an diesem im Grunde charakterlosen Material? Welches Potenzial hat Beton für Euch? Welche Qualitäten arbeitet Ihr mit ihm heraus?

Beton hat viele Aspekte und viele Qualitäten. In gewissem Sinne kann man Beton in unserem Gebrauch fast als Neutrum sehen, eine Art primäre Grundmasse, die es erlaubt, Strukturen und Räume zu denken. Das ist vielleicht der Grund, weswegen viele unserer Bauten aus Beton sind. Sie agieren nicht offensichtlich materiell, sondern operieren vielmehr durch eine materielle Reduktion. Da die Häuser oftmals formal eigenständig erscheinen und dadurch konzeptuelle Aussagen treffen, würde eine zu präsente Materialität eine Doppelung erzeugen und möglicherweise aufgesetzt wirken. Beton erlaubt eine Reduktion im Sinne einer klaren formalen Sprache, zum Beispiel im Gegensatz zu einer verputzten Fassade, die noch mit Blechabschlüssen etc. arbeitet. Und viele unserer Fassaden besitzen bereits eine starke Plastizität, deswegen bedarf es eines einfachen Materials.

Welche Rolle spielt der Fertigungsprozess und mit ihm die Erscheinung der Oberfläche des Betons?

Die Art und Weise der Fertigung prägt den Entstehungsprozess und letztlich die Erscheinung eines Hauses. Betonhäuser können sehr handwerklich wirken. Sie

Concrete has many aspects and many qualities. In a certain sense, concrete can be seen in our use almost as a neutral material, a kind of primary base that allows structures and spaces to be thought. This is perhaps the reason why many of our buildings are of concrete. They do not function in an obviously material way, but rather operate through material reduction. Since our buildings often appear formally independent and thus make conceptual statements, a materiality that is too present would create a double effect and possibly appear superimposed. Concrete allows a reduction in the sense of a clear formal language, e.g. in contrast to a plastered facade that still works with sheet metal flashing, etc. And many of our facades already have a strong plasticity, which is why a simple material is required.

What role does the manufacturing process play and, with it, the appearance of the concrete surface?

The manner and type of production shapes the development process and ultimately the appearance of a building. Concrete houses can have a very handcrafted character. The concrete is poured into handmade moulds and broken out. Random events occur during the process due to the direct method of production. External events, such as the weather, also affect the building. That's how traces and

Buchner Bründler Architekten: Hotel Nomad, Modell Bar und Restaurant / Model bar and restaurant © Fotografie / Photograph: BBarc

werden in eine von Hand gefertigte Form gegossen und aus dieser herausgeschält. Im Prozess ereignen sich Zufallsmomente, die sich durch die direkte Herstellungsweise ergeben. Zudem wirken äußere Ereignisse auf das Gebäude ein, wie zum Beispiel die Witterung. So zeichnen sich Spuren ab. Diese prozessualen Momente verändern die physische Präsenz eines Gebäudes. Die Lesbarkeit dieser Einwirkungen macht Beton als Material spannend, da es lebendig ist.

Einem Gebäude mit industriell gefertigter Haut, bei der der Entstehungsprozess und die Oberflächenqualität vollständig konditioniert sind, fehlen hingegen meist die prozessualen Einschreibungen und auch die Potenziale des Alterns. Aus diesen Gründen sind viele unserer Bauten aus Beton und deswegen arbeiten wir gerne mit diesem Material.

Modelle

Die in Eurem Büro entstehenden Modelle zeigen, dass die Materialität im Entwurfsprozess ein Thema ist, dem Ihr einen hohen Stellenwert beimesst. Modelle sind das unmittelbarste räumliche und materielle Mittel der Antizipation dessen, was entstehen soll. Arbeitet Ihr viel in dieser Qualität von Modellen, die aus dem Material gemacht sind, in dem das Bauwerk gedacht ist?

Die Modelle sind teilweise Wettbewerbsmodelle, andere sind für Präsentationen gedacht. Wieder andere sind Arbeitsmodelle, die im Prozess des Nachdenkens über einen Bau sinnlich das Erdachte und

markings emerge. These procedural moments change the physical presence of a building. The legibility of these effects makes concrete exciting because it is a live material.

A building with an industrially manufactured envelope, on the other hand, in which the development process and the surface quality are completely conditioned, usually lacks the process-related inscriptions and also the potential for ageing. That is why we like working with this material and why many of our buildings are made of concrete.

Models

The models created in your office show that the materiality is an issue to which you attach great importance in the design process. Models are the most immediate spatial and material means of anticipating what is to be created. Do you often work with models made of the material intended for the building?

Some of the models are for competitions, others are intended for presentations. Others are working models which, in the process of thinking about a building, provide a sensory view of what has been conceived and designed. We try very early on to realise atmospherically and *try out* what we design in a tangible way.

As architects we have the ability to abstract the complex requirements and are able to think everything together and let it become concrete, specifically in the choice and joining of materials. It's never just one material we deal with. You can see it in the model for the Nomad hotel. It

Entworfene vor Augen führen. Wir versuchen jeweils sehr früh, das, was wir entwerfen, auf konkrete Art auch atmosphärisch umzusetzen und auszuprobieren.

Als Architekten haben wir die Fähigkeit, die komplexen Anforderungen abstrahieren zu können und sind gleichsam in der Lage, alles miteinander zu denken und konkret werden zu lassen, konkret in der Wahl und der Fügung der Materialien. Es ist ja nie bloß ein Material, mit dem wir es zu tun haben. Man sieht das am Modell für das Hotel Nomad. Dem Material Beton stellt Ihr wenige Elemente aus Messing entgegen. Im Modell entsteht ein spannungsvoller Zusammenklang zwischen den Materialien.

Im Vergleich zu abstrakten weißen Modellen ist ein Betonmodell viel stärker und präsenter. Aufgrund des großen Aufwands machen wir Betonmodelle jedoch eher selten, finden sie aber immer großartig, weil sie Bestand haben und uns im Prozess weiterbringen. Denn das Material ist der direkteste Bezug zur Realität. Alles andere ist Modell, ist ein Weg, eine Übersetzung des Entwurfs und des Gedankens.

Buchner Bründler Architekten: Hotel Nomad, Basel © Fotografie / Photograph: Ruedi Walti

opposes the concrete material with a few elements of brass. This creates a harmonic tension between the materials.

Compared to abstract white models, a concrete model is much stronger and more present. However, due to the big effort involved, we rarely make concrete models, but we always appreciate them because they are durable and help us move forward in the process. The material is the most direct reference to reality. Everything else is a model, is a means, a translation of design and thought.

Zeitlichkeit

Die Prägungen durch den Prozess der Herstellung ist ein Aspekt, der sich niederschlägt im Gebauten, ein anderer ist der des Alterns von Gebäuden. Denkt Ihr diesen Aspekt der Zeitlichkeit mit, wenn Ihr entwerft?

Beim Hotel Nomad in Basel, das wir 2015 umgebaut haben, war genau dies der

Temporality

The shaping through the process of production is one aspect that is reflected in a building, another is the ageing of buildings. Do you take this aspect of temporality into account when you design?

At the Hotel Nomad in Basel, which we renovated in 2015, this was precisely the key to the project. We turned back the wheel of time and brought history into the present. The

Schlüssel zum Projekt. Wir haben das Rad der Zeit zurückgedreht und die Geschichte in die Gegenwart geholt. Das Nomad wurde in den 1950er-Jahren als Apartmenthaus in Sichtbeton errichtet, mit einer feinen Reliefstruktur in der Fassade. Viele Jahre war das Haus gestrichen und hatte über Jahrzehnte so viele Farbschichten erhalten, dass die Denkmalpflege davon ausging, es wäre schon immer gestrichen gewesen. Über Bildrecherchen und Untersuchungen am Gebäude fanden wir heraus, dass die Fassade ursprünglich aus Sichtbeton gefertigt war. Dieser Nachweis gab uns die Möglichkeit, die Fassade von den Farbschichten zu befreien und in den ursprünglichen Zustand zurückzuführen. Allerdings kannten wir die Betonqualität nicht, wussten nicht, ob sie qualitativ standhalten würde oder ob die Fassade komplett saniert werden müsste. Das war eine echte Gratwanderung bis in den Realisierungsprozess hinein. Durch die Rückführung auf die ursprüngliche Erscheinung in Beton und das Überlagern des steinernen Hintergrunds mit repetitiv gesetzten Aluminiumfenstern mit breit gefassten Rahmen hat die Fassade ihre prägnante Erscheinung bekommen.

Auf beinahe archäologische Weise deckt Ihr beim Nomad im Bestand etwas auf, das Ihr dann in die Gegenwart überführt. Denkt Ihr auch bei Projekten, die Ihr neu baut, bei denen es nicht um den Umgang mit einem Bestandsgebäude geht, über die Zeitlichkeit des Hauses nach und darüber, wie es altern könnte?

Bei den frühen Arbeiten haben wir weniger darüber nachgedacht. Diese Fragestellung stand nicht im Vordergrund. Das

Nomad was built in the 1950s as an apartment house in exposed concrete, with a delicate relief structure on the facade. For many years the house was painted and had acquired so many layers of paint over the decades that the state office for the preservation of monuments assumed that it had always been painted. Through image research and investigations into the building, we found out that the facade was originally made of exposed concrete. This evidence afforded us the possibility of removing the layers of paint from the facade and returning it to its original condition. However, we did not know whether the exposed concrete was sufficiently robust to withstand the conditions or whether the facade would have to be completely renovated. It was a real tightrope walk right up to the implementation. By returning to the original appearance in concrete and overlaying the stone background with recurrently set aluminium windows with wide frames, the facade has acquired its striking appearance.

In an almost archaeological way you discovered something in the existing building of the Nomad that you then transferred to the present. Do you also think about the temporality of a building and how it could age in new build projects, which do not involve dealing with an existing building?

We didn't think so much about it in our early work. This question was not of primary concern. However, we have always been aware that time leaves its mark, brings in an additional level and thereby creates a new reality. We are now introducing this more proactively in our designs. However, this is not in terms of the technical aspects, which is to say, not in terms of the service life of a facade and how

die Zeit jedoch Spuren hinterlässt, eine zusätzliche Ebene hineinbringt und dadurch eine neue Realität entsteht, das war uns schon immer bewusst. Im Entwurf bringen wir das nun offensiver ein. Jedoch nicht hinsichtlich technischer Aspekte, also nicht im Sinne von Fragen nach der Lebensdauer einer Fassade und wie lange es dauert, bis sie erneuert werden muss, sondern vielmehr im Hinblick auf die Wirkung eines Bauwerks durch die Veränderung über die Zeit. Vielleicht so wie hier bei diesem Holztisch, an dem wir sitzen. Er ist fünf Jahre alt und wird ab und zu mal geschrubbt. Durch die Nutzung ist seine Form leicht modifiziert worden, die Kanten haben sich abgerundet, die Maserung tritt stärker in Erscheinung. Solche Aspekte sind wichtig und waren auch schon immer relevant bei unseren Projekten. Oberfläche und Zeitlichkeit gehören zusammen und sind emotionale Aspekte der Architektur. Der Bewohner wird an seine eigene Physis und Zeitlichkeit erinnert. Der Verfall eines Hauses ist mit vielen emotionalen Momenten verbunden. Dieses Konzept setzen wir immer wieder bewusst in Form einer rohen Materialität ein, die mit der Qualität der unterschiedlichen zeitlichen Horizonte verbunden ist. Es gibt Materialien, die praktisch nicht alt werden, und solche, die schneller altern. Aus dem Zusammenspiel ergeben sich interessante Komponenten.

Beim Haus Lupsingen haben wir zum Beispiel mit Aluminium und Holz gearbeitet, also mit Materialien, die zwei verschiedene zeitliche Seinsweisen haben. Das Holz geht irgendwann quasi zur Natur zurück, das Aluminium hingegen bleibt über die Zeit erhaben und wirkt durch die dezente

long it takes before it has to be renewed, but rather in terms of the impact of a building through change over time. Maybe like this wooden table we're sitting at. It's five years old and gets scrubbed once in a while. By using it, its shape has been slightly modified, the edges have been rounded off, the grain stands out more clearly. Such aspects are important and have always been relevant to our projects. Surface and temporality belong together and are emotional aspects of architecture. The inhabitant is reminded of their own physicality and temporality. The decay of a building is associated with many emotional moments. We consciously use this concept again and again in the form of a raw materiality, which is connected with the quality of the different temporal horizons. There are materials that hardly age at all and materials that age faster. This interaction results in interesting features.

At House Lupsingen, for example, we worked with aluminium and wood, materials that have two different temporal modes of existence. At some point, the wood almost returns to nature, while the aluminium, on the other

Buchner Bründler Architekten: Wohnhaus Lupsingen / Residential House Lupsingen © Fotografie / Photograph: Oliver Lang

Patina fast entmaterialisiert und zeitlos. Das Holz hingegen altert schnell und dieser Prozess ist auch sichtbar. Gerade dieses Ineinander verschiedener materieller Zeitdimensionen ist spannend bei einem Bau.

> Hat die Art, wie Materialien altern, auch damit zu tun, wie sie verarbeitet werden? Patinieren von Hand gefertigte Dinge, die durch das Machen geprägt sind, in anderer Weise als jene, die industriell gefertigt sind?

Das ist so. Wenn ich über die Möglichkeiten des Handwerks nachdenke, dann sehe ich Aufgaben, die stark von handwerklicher Arbeit geprägt sind und andere, bei denen die Möglichkeit kaum gegeben ist, das Handwerk einzubringen. Allen Elementen, die strukturell verwendet werden und industriell gefertigt sind, versucht man das Zeitliche zu nehmen. Man betrachtet das unter anderen Gesichtspunkten. Das hat mit unserem gesamten Wertesystem zu tun. Wie darf etwas verbaut werden? Wann, unter welchen Aspekten und unter Einhaltung welcher Normen kommt es zum Einsatz? Die Bauindustrie hat sich in eine zeitlose Schiene bewegt: In einer perfekten Welt gibt es kein Altern. Die Zwischenebene des Zeitlichen wird noch vom Handwerk bedient.

> Das hat sicherlich auch mit dem jeweiligen Maßstab einer Architektur zu tun.

Und mit strukturellen Fragen. Handwerk ist oftmals an Einzelpersonen gebunden. Dem gegenüber steht die Industrie, die multinational versucht, möglichst viele Bereiche abzudecken, die Normen zu erfüllen und universell einsatzfähig zu sein.

hand, remains sublime over time and appears almost dematerialised and timeless due to its subtle patina. The wood, by contrast, ages quickly and this process is also visible. It's this interplay of different material dimensions of time that is especially exciting in a building.

> Does the way materials age also have to do with how they are processed? Do handmade things that are shaped by making patinate in a different way than those that are industrially made?

That's certainly the case. When I think about the possibilities of craftsmanship, I see work that is strongly influenced by craftsmanship and others where the possibility of introducing artisanal work is almost non-existent. You try to clear temporality from all elements that are employed structurally and are industrially manufactured. You look at it under a different aspect there. This has to do with our entire value system. How can something be installed? When, under which considerations and by which standards is it used? The construction industry has moved in an atemporal direction: there is no ageing in a perfect world. The intermediary level of the temporal is still served by craftsmanship.

> This surely has to do with the specific scale of architecture.

And with structural questions. Craftsmanship is often tied to individuals. On the other hand there is the industry, which tries to multinationally cover as many areas as possible, to meet standards and to be universally applicable. Crafts and other professions linked to local conditions and traditions have a smaller radius of activity. This aspect is important for the whole of our work, because we try to

Das Handwerk und andere Berufe, die an lokale Gegebenheiten und Traditionen gebunden sind, haben einen geringeren Bewegungsradius. Dieser Aspekt ist für die Gesamtheit unserer Arbeiten wichtig, denn wir versuchen, mit einer gewissen Kontinuität Projekte im kleinen wie im großen Maßstab zu bewältigen. Kleine Projekte bieten oft die besseren Möglichkeiten, handwerklich arbeiten zu können. Interessanterweise können sich daraus aber auch wieder Schritte in Richtung Standardisierung ergeben. Bei den Fenstern vom Hotel Nomad haben wir das so erlebt. Sie sind konstruktiv relativ ungewöhnlich, da sie außen liegen und dadurch komplett exponiert sind. Die ersten Versuche mit solchen Fenstern haben wir im Einfamilienhausbau gemacht. Dabei haben wir auch in der Zusammenarbeit mit dem Unternehmer Erfahrung gewonnen. Beim Nomad geht es einen Schritt weiter, fast in eine Art industrielle Fertigung, denn es sind 50 Fenster und nicht mehr nur eines. Dennoch sind es Einzelanfertigungen, Prototypen sozusagen. Die aus dem Prozess gewonnenen Erfahrungswerte könnten eigentlich genutzt werden, um den Schritt in eine größere Produktion zu wagen. Für uns als verantwortliche Planer bleibt es immer ein gewisses Risiko, solche Elemente zu entwickeln. Auch wenn wir mit Unternehmen arbeiten, die bereits Erfahrungen mitbringen, die sich auf unsere Vorschläge einlassen und das Risiko mittragen. Es ist eben kein Standard, und damit bleibt es ein Wagnis. Die Beziehung zum Handwerk und die in der engen Zusammenarbeit liegende Möglichkeit, Dinge auszuprobieren und auszuloten, ist daher ein sehr wichtiger Aspekt unserer Arbeit. Darin

manage projects on a small as well as on a large scale with a certain continuity. Small projects often offer better opportunities for craftsmanship. Interestingly, however, steps towards standardisation may also result from this. This is what we experienced with the windows at the Hotel Nomad. They are structurally relatively unusual, as they are on the outside and are therefore completely exposed. We made our first attempts with such windows in the construction of single-family houses. We have also gained experience in working with entrepreneurs. With the Nomad it went one step further, almost into a kind of industrial production, because there are fifty windows and no longer just one. Nevertheless, they were made to order, prototypes so to speak The experience gained from the process could actually be used to risk the step into larger production. For us as responsible planners there is always a certain risk in developing such elements. Even if we work with companies that already have experience, go along with our suggestions, and agree to

Buchner Bründler Architekten: Wohnhaus Lörrach / Residential House Lörrach © Fotografie / Photograph: Ruedi Walti

liegt eines der größten Potenziale, ein Gebäude eigenständig zu gestalten und erscheinen zu lassen. Die Lösungsansätze der Industrie sind eher eingeschränkt oder aber erst ab einer großen Stückzahl interessant. Als Architekt muss man permanent versuchen, sich kreative Freiräume zu schaffen.

Wo liegt der Unterschied zwischen kleinen und großen Projekten im Entwurfsprozess?

Im Entwurfsprozess sind die kleineren Projekte insofern interessant, als dass sie eine Art *tailoring* im Sinne von Handwerklichkeit erlauben. Man kann, viel eher als bei Großprojekten, mittels einer rollenden Planung sogar während des baulichen Entstehens des Gebäudes, Dinge verifizieren. Bei einem Privathaus definieren wir beispielsweise erst während des Bauens die Fenster. Das zeigt, dass man viel dichter an der Sache sein kann. Die geringere Komplexität kleinerer Projekte ermöglicht es, parallel an der Struktur und am Kleid zu arbeiten. Man ist visuell und physisch schon im Gebäude drin und mit dem Gebäude verbunden. Das ist bei Großprojekten oftmals schon aus prozessualen Gründen nicht möglich. Da versuchen wir, über Materialien, mittels Mockups und großen Mustern während des Planungsprozesses möglichst nahe an die Realität heranzukommen.
Wenn wir in einem Entwurf über Fassaden und Schichtungen sprechen, arbeiten wir auch mit Materialcollagen, die wir im Büro selbst machen können. Entsprechend ist der Raum dann voll von Materialien und konstruktiven Fragmenten.

share the risk. It's not standard and so it remains a risk. Our relationship to craftspeople and the opportunity to try things out and sound things out in close cooperation is therefore a very important aspect of our work. This affords the potential to design and make a building appear unique. The solutions from the industry are rather limited or only interesting when they involve a large number of items. As an architect, you have to constantly try to create the freedom to be creative.

What is the difference between small and large projects in the design process?

In the design process, the smaller projects are interesting in that they allow a kind of *tailoring* in the sense of craftsmanship. Much more than with large projects, things can be determined by means of rolling planning, even during the construction of the building. In a private house, for example, we define the windows only during construction. This shows that you can be much more involved. The lower complexity of smaller projects makes it possible to work on the structure and the cladding at the same time. You are visually and physically already inside the building and able to connect with it. This is often not possible in large-scale projects for procedural reasons alone. We try to get as close to reality as possible during the planning process by means of materials, mock-ups and large samples.
When we talk about facades and layering in a design, we also work with material collages that we can make ourselves in the office. As a consequence, our space is full of materials and constructional fragments.

Licht als Material

Ein anderes grundlegendes Thema der Architektur ist das Licht. Es spielt auch in Euren Bauten eine große Rolle. Thematisiert Ihr das Licht als Material?

Licht und Raum sind ja wie zwei Aspekte, die einem Themenbereich angehören. Die meisten unserer Entwürfe sind stark aus der Thematik Raum und Bewegung entstanden und damit zusammenhängend aus der Frage, wie der Raum erfahren wird. Mit der Bewegung ist automatisch auch das Licht da, sei es durch die physische Bewegung des Nutzers oder durch das Zeitliche, das durch die Veränderung des Lichts wahrgenommen wird. Das geht immer zusammen. Es ist die Essenz der Architektur. Wenn man von räumlichen Qualitäten spricht, dann sind Licht und die Erfahrbarkeit des Raums wesentlich. Das überprüfen und daran arbeiten wir in allen Schritten: sei es im Modell, sei es skizzenhaft, sei es über gedankliche Erfahrungswerte, die wir einbringen. Das Licht ist etwas Wesentliches.

Vielleicht hat nicht jedes Projekt das gleiche Potenzial, mit Licht zu arbeiten. In Bürobauten wird die Qualität des Lichts klar reguliert und hat dadurch etwas Starres, Definiertes. Da ist es deutlich schwieriger, das Potenzial des natürlichen Lichts auszuschöpfen und eine Lichtdramaturgie herzustellen als in Wohnprojekten. Doch selbst bei solchen Bauten, wie dem Hauptsitz der Credit Suisse, legen wir Wert auf ein atmosphärisches Licht: Hier wird das natürliche Licht durch eine Decke aus Glasschalen gebrochen und flutet in einer weichen

Light as a Material

Light is another fundamental theme in architecture. It also plays an important role in your buildings.
Do you address light as material?

Light and space are like two aspects of the same subject area. Most of our designs are strongly based on the topic of space and movement and thus on the question of how space is experienced. With movement, light is automatically there, either through the physical movement of the user or through the temporality perceived through the change in light. They're always connected. This is the essence of architecture. When speaking of spatial qualities, light and the experiential nature of space are indispensable. We examine this and work on it in all phases: be it in the model, be it in sketches, or be it through intellectual experience that we apply. Light is fundamental.

Not every project may have the same potential for working with light. In office buildings, the quality of light is clearly regulated and thus results in something rigid, defined. It is much more difficult to exploit the potential of natural light and create a lighting dramaturgy than in residential projects. But even in buildings such as Credit Suisse's headquarters, we attach great importance to atmospheric light: here the natural light is refracted through a ceiling of glass shells and floods into the public space with a subtle vitality. It breaks up the crystalline, clear structure of the architecture.

When it comes to light, however, private buildings are of particular interest to us. They allow the aspects of space and light to be brought to a high level of complexity.

Buchner Bründler Architekten:
Credit Suisse, Genf / Geneva
© Fotografie / Photograph:
Daniela & Tonatiuh

All givens and room conditions exist in dense and small, wide and high rooms and the most varied degrees of intimacy that can be modulated and expressed by light. Overall, space and light are much more freely conceivable than in public building projects. This aspect fades into the background for work that is conditioned by constraints. You have to fight to be able to work on it.

Lebendigkeit in den öffentlichen Raum. Es bricht die kristallin klare Struktur der Architektur auf.

In Punkto Licht sind aber vor allem Privatbauten für uns interessant. In ihnen ist es möglich, die Aspekte des Raums und des Lichts auf eine hohe Komplexitätsstufe zu bringen. Es gibt alle Gegebenheiten und Raumkonditionen von dichten und kleinen, weiten und hohen Räumen und die unterschiedlichsten Intimitätsgrade, die durch Licht moduliert und zum Ausdruck gebracht werden können. Insgesamt sind wird deutlich freier als bei öffentlichen Bauvorhaben, den Raum und das Licht zu denken. Bei Arbeiten, die über Bedingungen konditioniert sind, tritt dieser Aspekt in den Hintergrund. Man muss ihn sich wieder erkämpfen.

Craftsmanship

Does the concept of craftsmanship play a role in your work and if so, when? Is it more in the context of the execution of buildings or is it already part of the design process of a project?

Solid craftsmanship is relevant both in the process of thinking about architecture and in the process of planning and construction a building. We would call many of our buildings prototypes. Although we have, of course, acquired a broad basis and certain reliabilities through experience. But since conceptual buildings that arise from the location and the task always have something unique, they are in fact prototypical. This uniqueness requires a very broad analysis. You have to walk a fine line, while you don't know where exactly you are going because you're in the middle of a developing process, which always contains unknowns. Can I stay on this metaphorical ridge or will I tumble left or right? We can follow the conceptual line to the end and will then reach our goal. And it is evident what still

Handwerklichkeit

Spielt der Begriff des Handwerks eine Rolle für Eure Arbeit und wenn ja, in welchem Zusammenhang steht er, eher im Kontext der Ausführung von Bauwerken oder bereits im Entwurfsprozess eines Projekts?

Sowohl im Prozess des Denkens von Architektur als auch für den Prozess der Planung und Ausführung eines Gebäudes ist eine solide Handwerklichkeit relevant. Viele unserer Bauten würden wir als Prototypen bezeichnen. Obschon wir uns über Erfahrungen natürlich eine breite Basis und gewisse Sicherheiten erarbeitet haben. Da aber konzeptuelle Bauten, die aus dem Ort und der Aufgabestellung heraus entstehen, immer auch etwas Einzigartiges haben, sind sie eben prototypisch. Diese Einzigartigkeit erfordert eine sehr breit angelegte Auseinandersetzung. Man hat eine Gratwanderung zu beschreiten und weiß nicht genau, wohin die Reise geht, weil im Prozesshaften immer auch Unbekanntes verborgen liegt. Kann ich mich auf dem Grat halten, oder falle ich links oder rechts hinunter? Bis zum Ende können wir der konzeptuellen Linie folgen und sind dann auch am Ziel. Und es ist sichtbar, was im Bezug zur ersten Idee noch Bestand hat. Das bedingt ein hohes Maß an selbstreflektiertem Handeln. In jedem Moment muss man zurückblicken und überprüfen können, wohin man will. Das könnte solide Handwerklichkeit sein. Man ist am Anfang des Projekts und denkt über das Material nach. Diesem Gedanken bleiben wir treu, wir schauen aber immer wieder zurück und hinterfragen die Konzeption, um diese im nächsten Schritt weiter verdichten zu können.

Buchner Bründler Architekten: Casa d'Estate, Linescio © Fotografie / Photograph: Ruedi Walti

holds true in relation to the first idea. This requires a high degree of self-reflection. At every moment you have to look back and check where you want to go.

That might be solid craftsmanship. You are at the beginning of the project and think about the material. We remain faithful to this idea, but we keep looking back and questioning the concept in order to be able to further consolidate it in the next step.

Arbeiten in Denkräumen

Im Zusammenhang mit der Frage, wann
die Materialität eines Bauwerks im Entwurfsprozess auftaucht, sagtest Du, dass
Ihr häufig bereits bei der Begehung des
Orts eine Vorstellung davon entwickelt,
welche Materialität die Architektur haben
wird. Wie verhält es sich mit der architektonischen Konzeption in Bezug auf typolo-
gische und räumliche Fragen? Wann wird
sie relevant im Prozess, und wie entsteht
ein Konzept bei Euch?

**Wir bewegen uns in jeder Phase in ver-
schiedenen Denkräumen: Wo stehen wir?
Was ist die Aufgabenstellung? Kann man
von einem bestehenden Typus ausgehen
oder lässt sich etwas Neues entwickeln?
Bezieht sich dabei das Gebäude auf
etwas bereits Dagewesenes, etwas was
am Ort vorhanden war oder ihm gegenüber steht? Und wo steht das Gebäude in
unserem eigenen Œuvre? Wo im überge-
ordneten Gesamtkontext?**

**Es sind sehr viele Fragen, mit denen wir
uns auseinandersetzen. Das reicht von
Ökonomie bis zu Philosophie. In all diesen klassischen Themenbereichen der
Architektur, die konstruktiver, räumlicher,
typologischer und materieller Art sind,
geht es darum zu erfragen, welche Antwort wir für den Ort adäquat finden.**

**Es ist die Arbeit an den schlüssigen
Momenten im Entwurfsprozess. Das sind
unsere Essenzen. Mit diesen glauben wir,
dass man einen starken Entwurf machen
kann. Wir entscheiden uns ja auch deswegen möglichst früh schon für die verschiedenen Schwerpunkte der Architektur:**

Working in Conceptual Spaces

In connection with the question of when
the materiality of a building appears in
the design process, you said that you
will often already develop an idea of the
materiality of the architecture when you
first visit the site. What about architectural
conception with regard to typological and
spatial questions? When does it become
relevant in the process and how does a
concept develop for you?

In each phase we move in different conceptual
spaces: Where are we? What is the task?
Do we start from an existing type or can we
develop something new? Does the building
refer to something that was already there,
something existing, something that was in the
location or is facing it? And where does the
building fit in our own œuvre? Where in the
overall context?

There are many questions we have to deal
with. This ranges from economics to philoso-
phy. In all these classical subject areas of
architecture, which are of a constructional,
spatial, typological and material nature, the
aim is to find out which response we find most
appropriate for the location.

It is the work on the decisive moments of the
design process. Those are our essentials.
With these, we believe, we can make a strong
design. This is one of the reasons why we
decide on the different focal points of the
design as early as possible: think far ahead,
reflect and assemble. Which recipe might
work? Which might produce the best result? I
would say that concept and form develop from
this. That may be the same thing. Form in the
sense of space, material and construction.

weit denken, überlegen und zusammen-
stellen. Welche Rezeptur kann Erfolg haben? Welche kann zu einem guten Resultat führen?
Ich würde sagen, dass sich daraus Konzept und Form entwickeln. Das ist vielleicht gleichbedeutend. Form im Sinne
von Raum, Material und Konstruktion.

Ist die Form nicht eher das Ergebnis
dieses Prozesses?

Die Form ist auch ein eigener Aspekt. In
der Stadt ist sie definitiv ein zentrales
Thema, das kontextuell vorgegeben sein
kann oder vorgegeben ist. Die Stadt ist
aus einer gewissen Flughöhe betrachtet
die Form. Wir sind dann dort gebunden,
obschon sehr viel Energie eher in den
Prozess geht. Die Form resultiert aus
Anforderungen, Bestimmungen und eben
auch aus Regeln. Innerhalb dieses gesamten Kontexts versuchen wir, eine Idee
zu entwickeln und durch sie dem Gebäude Identität zu verleihen.

Das Volta Zentrum ist hier ein gutes Beispiel, denn der Bau reagiert auf seinen
städtischen Kontext und erweitert diesen,
indem er vorhandene Strukturen weiter-
denkt. Die Vielgestaltigkeit des Gebäudes
ist eine Antwort auf die Verschiedenartig-
keit des urbanen Umraums. Dabei bindet
der kompakte monolithische Körper diese
Vielfalt zu einem neuen städtischen Zentrum zusammen. Auf diese Weise kann
die Stadt formgebend sein.

Buchner Bründler Architekten:
Volta Zentrum, Basel © Fotografie /
Photograph: Ruedi Walti

Is the form not rather the result of this
process?

Form is also an aspect in its own. In the city, it
is definitely a central theme that can be contex-
tually predetermined or is in fact a given. The
city seen from a certain altitude is its form. We
are then bound by this, although much more
energy goes into the process. The form results
from requirements and regulations, but also
from rules. Within this whole context we try to
develop an idea and, through, it to give the
building identity. The Volta Centre is a good
example here, because the building reacts to
its urban context and expands it by expanding
on existing structures. The building's different
faces are in response to the diversity of the
urban environment. The compact monolithic
corpus combines this diversity into a new urban
centre. In this way, the city can be formative.

Materialität und Zeit

»Natürliche Materialien drücken ihr Alter und ihre Geschichte aus, erzählen aber auch von ihrer Herkunft und der Geschichte ihres Gebrauchs durch den Menschen. Materie kann nur innerhalb eines zeitlichen Kontinuums existieren; deshalb führt die Patina des Gebrauchs diesen Konstruktionsmaterialien eine zeitliche Qualität hinzu.« Juhani Pallasmaa

Materiality and Time

»Natural materials express their age and history, as well as the story of their origins and their history of human use. All matter exists in the continuum of time; the patina of wear adds the enriching experience of time to the materials of construction.« Juhani Pallasmaa

Pallasmaa, Juhani: Die Augen der Haut. Architektur und die Sinne, Los Angeles 2013, S. 40 / Pallasmaa, Juhani: The Eyes of the Skin. Architecture and the Senses, Chichester, 2012, p. 34

Werkstatt
Turnery

Werkstatt

Der Ort für die Werkstatt eines Drechslers liegt im
ländlichen Raum. Von den Alpen gefasst und durch
den Blick auf ein prägnantes Bergmassiv geprägt, ist
er durch Hügel und Wälder gegliedert.

Das Werkstattgebäude fasst als bauliche Einheit
die unterschiedlichen internen und öffentlichen
Funktionsbereiche der Drechslerei: von der Lage-
rung, dem Schälen und der Grobbearbeitung der
Baumstämme als den Freibereichen, über den Zu-
schnitt des Holzes und das Drehen der Rohlinge für
Gefäße und Objekte als dem zentralen Teil der
Werkstatt, bis zu Ausstellung und Verkauf der fertigen Produkte als den öffentlichen Bereichen des
Hauses. Dimensionen und Anordnung der Räume
stehen im Zusammenhang mit den funktionalen Ab-
läufen und der architektonischen Konzeption für das
Gebäude. Seine Materialität und Struktur, sein räumli-
ches Gefüge, die Beziehungen von innen und außen
und der Umgang mit Licht ergeben sich aus den
Anforderungen an die Nutzung und der Einfügung
des Bauwerks in den Landschaftsraum.

Turnery

The turner's workshop is located in the countryside. It is surrounded by the Alps, characterised by the view of a distinctive mountain range, and is articulated by hills and forests.

The workshop building as a structural unit comprises the different interior and public functional areas: from the storage of the logs, the peeling and machining of the wood, in the open areas, to the turning of the blanks for vessels and objects, as the central part of the workshop, to the exhibition and sale of the finished products in the public areas. The dimensions and arrangement of the spaces are related to the functional processes and the architectural conception of the building. Its materiality and structure, its spatial texture, the relationship between inside and outside, the handling of light, derive from the requirements for the use building's use and its integration into the surrounding landscape.

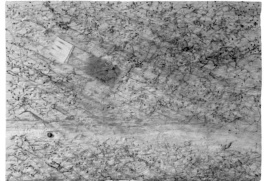

2

1

3

Topografiemodelle von Gebäudestudien / Topographical models of studies of buildings
1 Lina Bo Bardi, Casa de Vidro, 1951 (Carolin Blaim, Sandra Panzer)
  Materialien: Braunkohlebrikett und Gips / Materials: Lignite briquettes and plaster
2 Go Hasegawa, Forest House, 2014 (Konstanze Spatzenegger, Felicia Schweisz)
  Material: Holz / Material: Wood
3 Sean Godsell, Glenburn House, 2007 (Charlotte Osthelder, Maximilian Peter)
  Material: Modelliermasse / Material: Modelling clay

Prinzip und Ausdruck

In einer Studie werden die architektonische Konzeption und das räumliche, strukturelle und materielle Prinzip bekannter Bauwerke im Zusammenhang mit ihrer Verortung im landschaftlichen Kontext ergründet und durch ein topografisches Modell zum Ausdruck gebracht. Materialität und Machart der Modelle bringen die Prägung der landschaftlichen Gegebenheiten auf das Bauwerk zum Ausdruck und stehen im Zusammenhang mit dem gestaltgebenden Kontext, respektive der architektonischen Konzeption.

Principle and Expression

In a study, the architectural conception and the spatial, structural and material principles of well-known buildings are explored in connection with their location in the landscape context and expressed by means of a topographical model. The materiality and design of the models express the character of the environmental conditions of the building, and are related to the shaping context or architectural conception.

1 Nieto Sobejano, Madinat Al-Zahra Museum, 2009 (Taimur El Khorazaty, Pedro Hamon Marquez)
  Materialien: Beton und Gips / Materials: Concrete and plaster
2 Pezo von Ellrichshausen, Solo House, 2013 (Leon Lesoine, Dario Tosolini)
  Material: Gips / Material: Plaster
3 Peter Zumthor, Bruder Klaus Kapelle / Field Chapel, 2007 (Gintare Gajauskaite, David Rosenthal)
  Material: Gips eingefärbt / Material: Coloured plaster

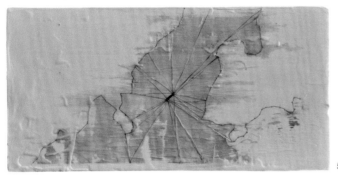

4

5

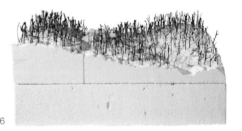

6

4 Valerio Olgiati, Villa Álem, 2014 (Lukas Alber, Louis Saint Germain)
  Material: Papier / Material: Paper
5 Herzog & de Meuron, Dominus Winery, 1998 (Julian Kerkhoff)
  Materialien: Styropoor, Transparentpapier, Wachs und Farbe / Materials: Polystyrene, transparent paper, wax and paint
6 Frank Lloyd Wright, Fallingwater, 1935–1939 (Markus Huber, Matthias Retzer)
  Material: Porenbeton / Material: Porous concrete

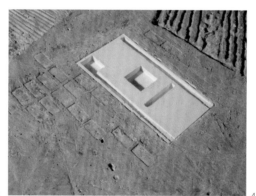

Topografiemodelle von Gebäudestudien / Topographical models of studies of buildings
1 Go Hasegawa: Forest House, 2014 (Konstanze Spatzenegger, Felicia Schweisz)
2 Frank Lloyd Wright: Fallingwater, 1935–1939 (Markus Huber, Matthias Retzer)
3 Peter Zumthor: Bruder Klaus Kapelle / Field Chapel, 2007 (Gintare Gajauskaite, David Rosenthal)
4 Nieto Sobejano: Madinat Al-Zahra Museum, 2009 (Taimur El Khorazaty, Pedro Hamon Marquez)

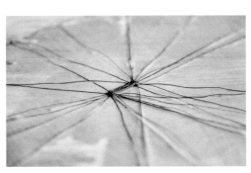

5 Pezo von Ellrichshausen: Solo House, 2013 (Leon Lesoine, Dario Tosolini)
6 Lina Bo Bardi: Casa de Vidro, 1951 (Carolin Blaim, Sandra Panzer)
7 Herzog & de Meuron: Dominus Winery, 1998 (Julian Kerkhoff)
8 Sean Godsell: Glenburn House, 2007 (Charlotte Osthelder, Maximilian Peter)
9 Valerio Olgiati: Villa Álem, 2014 (Lukas Alber, Louis Saint Germain)

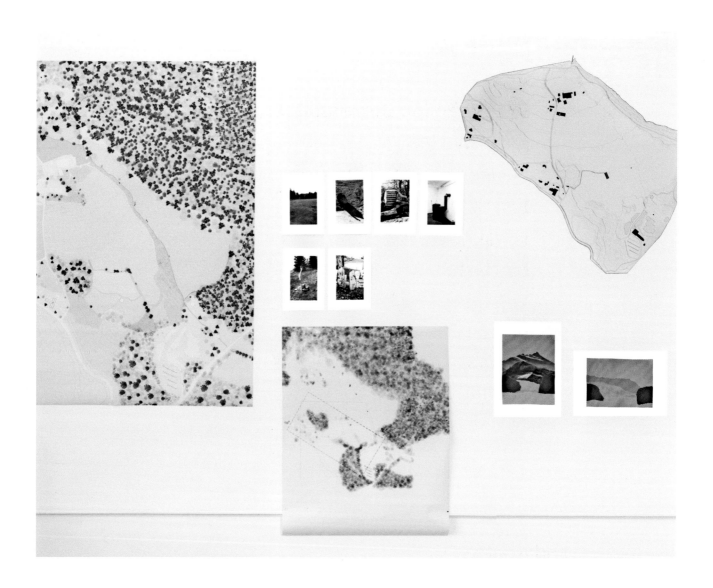

Intervention und Annäherung

Die fußläufige Bewegung durch eine Landschaft prägt das Herankommen an ein Bauwerk. Eingefügt in einen Landschaftsraum, wird es allmählich sichtbar, verschwindet möglicherweise aufgrund der Geländemodulation oder der Vegetation wieder, bevor das Gebäude unmittelbar präsent ist.
Vor Ort gilt es, den Landschaftsraum zu erkunden und einen konkreten Standort für das Werkstattgebäude zu finden, seine Architektur zu skizzieren und die Annäherung an das Bauwerk zu definieren.

Intervention and Approach

The movement on foot through a landscape shapes the approach to a building. Inserted into a landscape, it gradually becomes visible, possibly disappearing again due to terrain modulation or vegetation, before the building is finally directly in front of you. On site, the aim is to explore the landscape and find a location for the workshop building, to sketch its architecture and to define the approach to the building.

Struktur und Gestalt

Die Architektur für das neue Werkstattgebäude ist geprägt durch den Landschaftsraum, in dem es steht, und die Funktionen, die es beherbergt. Materiell und räumlich ist das Gebäude so robust, dass es den Rahmen für die Nutzung als Werkstatt bildet. Seine Struktur und Erscheinung korrespondieren oder kontrastieren mit dem Material, das in ihm verarbeitet wird, und mit den Produkten, die in ihm erzeugt werden: Gefäße und Objekte.

»Struktur und Gestalt (...) in ihnen integrieren sich die Beziehungen zwischen Mensch, Natur, Werkstoff und Gestaltungswillen zu einem harmonischen Ganzen. So vielfältig sind diese Beziehungen aufeinander abgestimmt, nach den Gesetzmäßigkeiten der vier maßgebenden Komponenten moduliert, dass nie eine Form in monumentaler Perfektion erstarren kann: Mensch, Natur, Struktur und Gestalt bleiben in offener Wechselbeziehung einander zugeordnet.« [1]

Structure and Form

The architecture for the new workshop building is characterised by the landscape in which it stands and the functions it accommodates. Materially and spatially, the building is so robust that it provides the framework for use as a workshop. Its structure and appearance correspond or contrast with the material that is used in it and the products that are made in it: containers and objects.

»Structure and form (…) they integrate the relation between man, nature, material and the creative will to form a harmonious whole. There is such a variety of ways in which these relations can be harmonised among themselves and modulated in obedience to the intrinsic laws of the four basic components that a single form can never congeal into monumental perfection: man, nature, structure and form are co-ordinated so that the reciprocal relation between them are always capable of change.« [1]

1) Blaser, Werner: Struktur und Gestalt in Japan /
Structure and Form in Japan, Zürich 1963, S./p. 6f.

Papiercollagen / Paper Collages
Markus Huber, Matthias Retzer
1 Blick vom Ort in die Berglandschaft / View from site into mountain landscape
2 Blick auf den Standort für das Werkstattgebäude / View of site for the Turnery

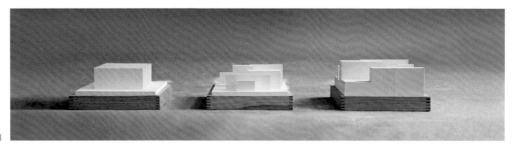

3

Struktur / Structure
Markus Huber, Matthias Retzer
3 Strukturmodelle, Material: Gipsrelief in Holzfassung /
Structural models, material: plaster relief in wooden tray

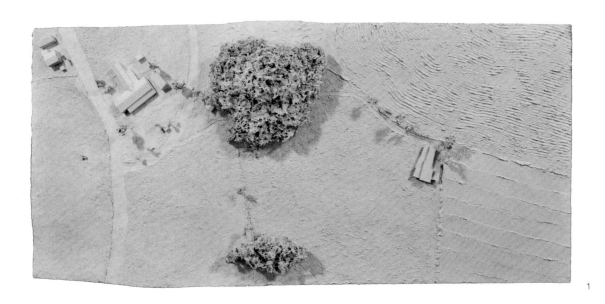

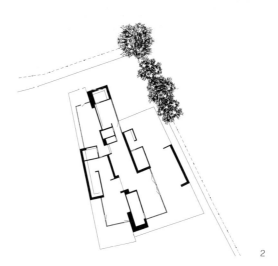

Werkstatt / Turnery
Markus Huber, Matthias Retzer
1 Topografiemodell, Maßstab 1:500, Material: Gips / Model of surroundings,
  scale 1:500, material: plaster
2 Grundriss / Floor plan

116

3

4

3 Innenraummodell, Maßstab 1:50, Material: Gips, Papier, Metall, u. a. /
  Model of interior, scale 1:50, material: plaster, paper, metal etc.
4 Gebäudemodell, Maßstab 1:200, Material: Gips / Model of the building,
  scale 1:200, material: plaster

Werkstatt / Turnery
Markus Huber, Matthias Retzer
Fotografien Innenraummodell / Photographs of model of interior
1 Blick in den Eingangs- und Ausstellungsraum / View into entrance and exibition hall
2 Zentraler Raum mit großem Tisch / Central space with big table
3 Blick aus der Werkstatt durch das Lager in den Eingangs- und Ausstellungsraum /
View from Turnery through storage space into entrance and exibition hall

3

Form und Material

» Form und Materialien, auch die eines Bauwerks, lösen Empfindungen aus und vermitteln gleichzeitig Bedeutung. Form und Material können zueinander zwar in besonderen und scheinbar unklaren Verhältnissen stehen – vermitteln aber trotzdem immer Empfindung und Gefühl. Eine Form ohne Bedeutung scheint so widersprüchlich wie ein Gefühl ohne Form.« Adrian Meyer

Form and Material

»Form and materials, including those of a building, evoke sensations and simultaneously convey meaning. Form and material can be related in special and apparently unclear ways – but always convey sensation and feeling. A form without meaning seems as contradictory as a feeling without form.« Adrian Meyer

Meyer, Adrian: Stadt und Architektur. Ein Geflecht aus Geschichte, Erinnerung, Theorie und Praxis / City and Architecture. A Network of History, Memory, Theory and Practice, Baden 2003, S./p. 94

1

2

Werkstattgebäude / Turnery
Lukas Alber, Louis Saint Germain
1+2 Topografiemodell, Maßstab 1:500, Material: Beton / Model of topography, scale 1:500,
material: concrete

Werkstattgebäude / Turnery
Lukas Alber, Louis Saint Germain
1–3 Schnittmodell, Maßstab 1:50, Material: Beton mit hölzernen Einbauten / Section model,
scale 1:50, material: concrete with wooden furnishings

Werkstatt / Turnery

 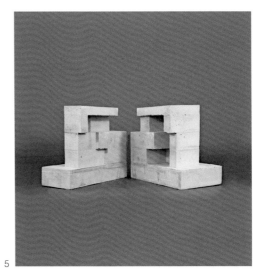

4

5

6

4+5 Volumenstudie Masse und Raum, Material: Beton / Volume studies of relation of mass
and space, material: concrete
6 Grundriss und Schnitt / Floor plan and section

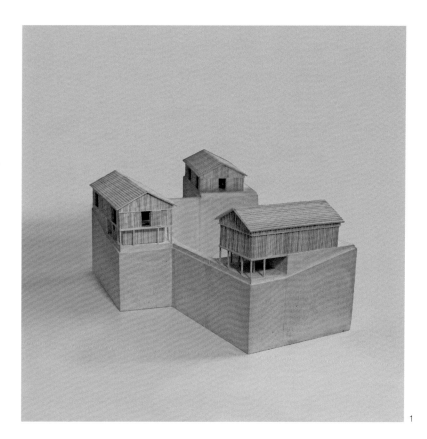

3

Werkstattgebäude / Turnery
Patrick Fromme, Philipp Hufschmid
1 Modell der Gebäude, Maßstab 1:100, Materialien: Gips und Holz / Model of the buildings,
   scale 1:100, materials: plaster and wood
2 Grundriss Eingangsebene / Floor plan entrance level
3 Visualisierung der Gebäude im Landschaftsraum / Visualisation of buildings in landscape

1

2

3

Werkstattgebäude / Turnery
Gintare Gajauskaite, David Rosenthal
1 Fotografie Innenraummodell / Photograph of model of interior
2 Collage Hans Arp / Collage Hans Arp
3 Volumenmodell, Maßstab 1:100, Material: Gips / Volume model, scale 1:100, material: plaster

Werkstattgebäude / Turnery
Gintare Gajauskaite, David Rosenthal
1+2 Fotografien Innenraummodell Werkstatt / Photographs of model of interior of Turnery

Entwerfen

»Entwerfen ist ein intimer Prozess. Er gleicht dem Tanz in seinem scheinbar frei improvisierten, aber in Wahrheit kontrollierten und eingeübten Ablauf (…). Die Tänzerin setzt sich aus und gibt damit etwas von ihren Gefühlen preis. Gefühle, die sie in Form setzt, die aus ihrer Intuition heraus entstehen und gleichzeitig als Spiegelung von Raum und Stimmung auf sie zurückfallen. Entwerfen ist ähnlich – ein Tanz auf schwankendem Grund und dadurch stets auch mit dem Scheitern verbunden.« Adrian Meyer

Design

»Design is an intimate process. It resembles the dance in its apparently freely improvised, but in truth controlled and practiced process (…). The dancer exposes her feelings. Feelings that she gives shape to, that arise out of her intuition and at the same time fall back on her as a reflection of space and mood. Design is similar – a dance on a shaky ground and thus always associated with failure.« Adrian Meyer

Meyer, Adrian: Stadt und Architektur. Ein Geflecht aus Geschichte, Erinnerung, Theorie und Praxis / City and Architecture. A Network of History, Memory, Theory and Practice, Baden 2003, S./p. 14

1

2   3   4

Werkstattgebäude / Turnery
Carolin Blaim, Sandra Panzer
1 Fotografie Innenraummodell, Maßstab 1:20 / Photograph of model of interior, scale 1:20
2 Fundstück *Artefakt*, Material: Eisen gerostet / Found object *Artifact*, material: corroded iron
3 Volumenstudie, Material: eingefärbter Beton und Gips / Volume studies, material: coloured concrete and plaster
4 Volumenstudie, Material: Gips / Volume studies, material: plaster

Werkstattgebäude / Turnery
Carolin Blaim, Sandra Panzer
1 Umgebungsmodell, Maßstab 1:500 / Model of surroundings, scale 1:500
2 Volumenmodell des Baukörpers, Maßstab 1:200, Material: Beton mit Eisenoxyden pigmentiert /
 Volume model of building, scale 1:200, material: concrete coloured with iron oxides

3

4

3 Volumenmodell des Baukörpers, Maßstab 1:50, Material: Beton / Volume model of
  building, scale 1:50
4 Grundrisse Erdgeschoss und 1.Obergeschoss / Floor plans of ground and upper floor

Materialität und Kontext   Materiality and Context

Piero Bruno im Gespräch
In Conversation with Piero Bruno

Uta Graff

Kontext und Materialität sind zwei wesentliche Elemente der Architektur, die in einer besonderen Beziehung zueinander stehen. In Eurem Œuvre gibt es vergleichbare Aufgaben im städtischen Kontext, die sich in ihrer Materialität und Struktur komplett voneinander unterscheiden. Wodurch wird die Vorstellung der Materialität eines Bauwerks ausgelöst und zu welchem Zeitpunkt im Entwurfsprozess entsteht sie bei Euch?

Piero Bruno
Für uns gibt es zwei Aspekte, die als Ausgangspunkte eines Projekts gelesen und bearbeitet werden müssen: Die Aufgabe selbst und der Ort. Um sie zusammenzubringen und aufeinander reagieren zu lassen, braucht es architektonische Mittel. Eines dieser Mittel ist die Materialwahl. Durch die Art und Weise, wie man Material einsetzt, können Ort und Bauaufgabe in Einklang gebracht werden. Aber wie so oft beim Entwerfen ist dies natürlich kein Patentrezept. Es gibt gewisse Zutaten, die feststehen: der Ort, das Programm, der Typus und die Konstruktion. Diese Elemente beeinflussen sich im Entwurfsprozess gegenseitig. Irgendwann erreicht der Entwurf einen Reifegrad, an dem sich die Frage nach der Materialität stellt – manchmal früher, manchmal später.

Uta Graff

Context and materiality are two essential elements in architecture, that stand in a special relationship to each other. In your oeuvre there are similar tasks in the urban context, which are completely different in their materiality and structure. What triggers the idea of the materiality of a building and at what point in the design process does it arise at your office?

Piero Bruno

For us there are two aspects that must be read and worked on as starting points of a project: the task itself and the location. Architectural means are needed to bring them together and make them react to one another. One of these means is the choice of material. The way in which materials are used makes it possible to reconcile location and construction

Bruno Fioretti Marquez Architekten: Bibliothek / Library, Berlin-Köpenick
© Fotografie / Photograph: Alessandra Chemollo, Venedig / Venice

Bei der Bibliothek in Berlin-Köpenick, die wir 2009 fertiggestellt haben, war das Thema der Materialität beispielsweise eine der ersten Entscheidungen, die wir aus dem Ort und der Aufgabe heraus eindeutig treffen konnten. Den Neubau aus dem gleichen Material zu errichten wie das bestehende Schulgebäude, erschien uns nicht nur naheliegend, sondern insofern richtig, als dass das Material das verbindende Element zum Ort und zum Bestand ist. Aus der Entscheidung, mit Ziegeln zu bauen, und durch unsere Vorstellung vom Gebäudetypus einer Einraum-Bibliothek ist das Haus entstanden.

Ganz anders war es beim Entwurf für den Kindergarten in Lugano, den wir 2014 fertigstellen konnten. Hier war es die Nutzung des Gebäudes, die wir als Thema für die strukturelle und räumliche Entwicklung des Hauses geschärft haben: Der Kindergarten als *Spiel*: Durch das Entwickeln von Modulen und dazugehörigen *Regeln* ist eine spielerische Komposition entstanden. Damit gab es für uns im Grunde auch nur die Möglichkeit, das Gebäude in Holz zu denken und zu bauen. Die Materialität hat sich aus dem Thema ergeben und mit dieser Festlegung ist der Entwurf weiter gewachsen. Der Ort hat in diesem Fall eine geringere Rolle gespielt, denn in Lugano gibt es kaum Gebäude aus Holz. Es ist funktional und typologisch ein Sonderbau, und als solcher konnte er auch als Holzbau entstehen. Die Entscheidung für das Material kam hier also aus dem Programm.

Der Kindergarten in Karlsruhe hingegen wurde aus anderen Parametern heraus entwickelt: Das beengte Grundstück befindet sich im innerstädtischen Raum

task. But, as so often when designing, this is of course not a panacea. There are certain ingredients that are fixed: the location, the program, the typology and the construction. These elements influence each other in the design process. At some point the design reaches a degree of maturity at which the question of materiality arises – sometimes sooner, sometimes later.

At the library in Berlin-Köpenick, which, for example, we completed in 2009, the topic of materiality was one of the first decisions that we could make, clearly based on the location and the task. To build the new construction from the same material as the existing school building did not only seem obvious to us, but right in so far as the material is the connecting element to the place and the existing building. The building was created from our decision to build with bricks and from our typological idea of a one-room library.

The design for the kindergarten in Lugano, which we were able to complete in 2014, was entirely different. Here it was the use as a kindergarten that we honed as a theme for the structural and spatial development of the building. Kindergarten as a *game*: through the development of modules and the associated *rules of the game*, a playful composition emerged. As a result, we only had the option of thinking and building in wood. The materiality arose from the theme and with this determination the design grew further. The location played a minor role in this case, as there are hardly any wooden buildings in Lugano. It is functionally and typologically a special building and as a special building it could also be built in wood. The decision to use this material thus stemmed from the project.

zwischen einer Siedlung aus den 1930er-Jahren und einer monumentalen ehemaligen Klinik aus Mauerwerk. Gezwungenermaßen mussten wir das Gebäude an einer Ecke platzieren. Aber ganz gleich, wo wir den Baukörper auf dem Grundstück positionierten, befand er sich im Einflussbereich des Klinikgebäudes. Durch die bauliche Dominanz der Klinik war schnell klar, dass der Kindergartenneubau möglichst kompakt sein und gleichzeitig in seiner Höhe zwischen Klinik und angrenzender Wohnbebauung vermitteln musste. Auch bei dieser Aufgabe stellte sich früh die Frage nach der Materialität. Die mineralische Ausstrahlung der Klinik hat Bilder in uns hervorgerufen, aus denen sich konstruktive Überlegungen entwickelt haben. Unser Leitbild war ein Monolith bzw. ein Schwamm von unterschiedlicher Dichte. Die Technologie und die Materialeigenschaften des Dämmbetons boten sich an, diesen Entwurfsgedanken zu entwickeln. Die Bauweise ist in Karlsruhe als Erdbebengebiet allerdings nur bedingt geeignet und wurde daher im Inneren mit einer konventionellen Stahlbetonkonstruktion kombiniert.

Der Dämmbeton bildet also lediglich die äußere Hülle, der Kern im Inneren ist in normalem Stahlbeton ausgeführt?

Ja. Die inneren Wände und Decken sind aus Normalbeton und bilden die Tragkonstruktion. Die Außenwände sind als selbsttragende Konstruktionen an die Innenwände herangeschoben. Im Falle eines Erdbebens bewegt sich das Innere unabhängig vom Äußeren. Diese Bauweise ermöglicht es, ein Gebäude gestalterisch und konstruktiv aus einem Material

The kindergarten in Karlsruhe, on the other hand, was developed within other parameters: The cramped site is located in the inner-city area between a settlement dating from the 1930s and a monumental former clinic made of bricks. We had to place the building on one corner. But no matter where we positioned the building on the property, it was overshadowed by the clinic building. Due to the dominance of the clinic it soon became clear that the new kindergarten building should be as compact as possible and at the same time mediate between the heights of the clinic and adjacent residential buildings. In this task, too, the question of materiality arose early on. The mineral presence of the children's clinic created images in us from which structural considerations developed. Our model was a monolith or sponge of varying density. The technology and material properties of the insulating concrete occasioned in the development of this design idea. However, this method of construction is only partially suitable, as Karlsruhe is an earthquake zone, and was therefore combined with a conventional reinforced concrete structure on the inside.

**zu bauen. Die Wände sind – um den mo-
nolithischen Ausdruck zu stärken – durch
unterschiedliche Öffnungen perforiert.
Sekundäre Elemente wie Geländer und
Fensterteilungen sind von Beton verdeckt.**

Ort, Programm und Aufgabe

Ort und Nutzen können die zwei Pole
sein, zwischen denen sich die Idee für
eine Architektur entwickelt. Eine Möglichkeit, sie miteinander zu verknüpfen, ist
die Materialität – sagtest Du eingangs. In
Eurer Herangehensweise sind es jeweils
bestimmte Einflussfaktoren des Orts oder
auch spezifische Aspekte des Programms,
die zum eigenständigen architektonischen
Ausdruck führen. Bei der Bibliothek in
Köpenick waren es die Materialität des
Kontexts und die Idee des Raumtypus', in
Lugano das strukturelle Thema, das sich
aus dem Programm heraus entwickelte,
beim Kindergarten in Karlsruhe war es
der städtische Kontext, der eine kraftvol-
le Einfügung forderte und mit dieser die
Materialität für das Gebäude prägte.
Eure klare Vorstellung von der Architektur
scheint mir immer auch die Entscheidung
für eine Materialität mit zu beeinflussen.
Woraus entwickelt sich eine Architektur?

**Ich glaube, das Kneten dieser ersten
Faktoren – des Orts, des Programms und
der Aufgabe – führt zu dem, was wir
Konzept nennen. Eben dieses Konzept
beinhaltet oder bedingt die Materialität.
Mit der Vorstellung, wie das Gebäude
werden könnte, stellt sich uns auch sofort
die Frage, aus welchem Material es gemacht ist. Die Antwort für eine bestimmte
Materialität entsteht immer aus architek-**

So the insulating concrete only forms the
outer shell, while the core inside is made
of normal reinforced concrete?

Yes, the inner walls and ceilings are made
of normal concrete and form the supporting
structure. The outer walls are self-supporting
constructions which adjoin the inner walls.
In the event of an earthquake, the interior
moves independently of the exterior. This
construction nevertheless makes it possible to
create a building from one material in terms of
design and construction. The walls are perfor-
ated through different openings to strengthen
the monolithic expression. Secondary elements such as railings and window divisions are
overlaid with concrete.

Location, Program and Task

Location and use may be the two poles
between which a design develops. One
way to link them together is materiality –
as you said at the beginning. In the approach you take, however, it is always
certain factors influenced by the location
or certain aspects of the project that lead
to specific architectural expression. At
the library in Köpenick it was the materiality of the context and the idea of the type
of space, in Lugano the structural theme
that developed out of the project, at the
kindergarten in Karlsruhe the urban context that demanded forceful integration
and thus shaped the materiality of the
building. To me, your clear idea of the
architecture always seems to influence
the decision for a particular materiality.
What does architecture develop from?

tonischen Überlegungen heraus. Es ist nicht allein eine Frage der Aufgabe, sondern vielmehr die Frage, wie wir das Haus denken. Daran werden alle anderen Parameter ausgelotet. Mit jedem Material stellt sich automatisch die Frage nach der Konstruktion, denn jedes Material birgt unterschiedliche konstruktive Möglichkeiten und Bedingungen, die es zu prüfen gilt: Welches ist die richtige Konstruktion für diese Aufgabe und diesen Ort, und welche Rolle spielt das Material darin?

Material lesen

Wie liest Du selbst die Materialität von Architektur?

Ich lese Materialität als etwas, das formbar ist: Das Material ist da, und die ihm immanenten Bedingungen und Gesetzmäßigkeiten gilt es dann zu klären und zu respektieren. In manchen unserer Bauwerke ist es sehr präsent, in anderen ist es untergeordnet.
Beim Kindergarten in Lugano zum Beispiel ist das Holz außen sehr prägnant und durch den Alterungsprozess jetzt silberfarben. Auch im Inneren ist die Textur des Holzes sichtbar, tritt aber durch einen Farbauftrag in den Hintergrund. Bei der Bibliothek in Berlin-Köpenick ist es ähnlich. Nach außen hat die Materialität des Ziegels eine starke Präsenz, nach innen wird sie zugunsten einer Homogenität des Raums zurückgenommen. Dieser Abstand ist notwendig, um sich von der starken materiellen Aussage etwas zu befreien, eine Ruhe in den Innenraum zu bringen, und vor allem auch, um dem Licht eine Hauptrolle einzuräumen.

I believe blending these first factors – the location, the project and the task – leads to what we call the concept. It is precisely this concept that contains or determines the materiality. With the idea of what the building could be like, we immediately ask ourselves what material it it will be made of. The choice of a particular materiality always arises from architectural considerations. It is not only a question of the task, but rather the question of how we imagine the building. All other parameters are sounded out there. They're subordinate. Every material automatically raises the question of construction, because every material has different constructional possibilities and conditions that need to be explored: What is the right construction for this task and this location and what role does the material play in it?

Bruno Fioretti Marquez Architekten: Kinderuniversum, Karlsruhe
© Fotografie / Photograph: Philipp Obkircher, Berlin

Ihr denkt und konkretisiert die Architektur von den unterschiedlichen Bereichen der Verortung und der Nutzung her und formuliert daraus die Aufgabe, die Ihr bis zur materiellen Ausprägung klärt und schärft. Dabei ist das Material weder favorisiert noch nachgestellt, sondern wird aus der Aufgabe heraus entwickelt. Selbst bei Bauwerken gleicher Materialität ist, dank der schier unerschöpflichen Möglichkeiten mit Werkstoffen zu arbeiten, der Ausdruck jeweils ein völlig anderer.

Materialien sind nicht homogen. Es gibt immer einen Unterschied zwischen der Oberfläche eines Materials und seinem Inneren. Beim Kindergarten in Lugano haben wir beispielsweise mit Thermoholz gearbeitet. Das Holz wurde durch Erhitzen quasi karamellisiert, sodass die Lignine sich verflüchtigt haben und es kaum noch organische Teile im Holz gibt. Dadurch entsteht ein natürlicher Schutz, der keinen Anstrich erfordert. Dieser Schutz verändert das Material, mit der Konsequenz, dass die Oberfläche langsamer altert und verwittert. Es ist deutlich widerstandsfähiger gegenüber der Umwelt, gegen Wasser und Ungeziefer, mechanisch aber auch schwächer als das unbehandelte Holz. Das Thema der Oberfläche ist vor allem bei Beton schon durch die Art und Weise seiner Verarbeitung gut ablesbar. Dinge können an der Oberfläche abgedruckt werden. Auch Ziegel haben eine Außen- und eine Innenseite, mit der man arbeiten kann. Zum Teil werden Mauerwerke auch verkleidet, verputzt. Das Wort verkleiden passt im Grunde nicht, denn Putz ist nicht nur Verkleidung, sondern ein eigenes Material. Auch beim Putz stellen wir uns natürlich die Frage, wie

Reading the Material

How do you read the materiality of architecture yourself?

I read materiality as something that is malleable: the material is there and the conditions and principles inherent in it must then be explored and respected. In some of our buildings it is very present, in others it is subordinated. At the kindergarten in Lugano, for example, the wood is very present on the outside and is now silver-coloured due to the ageing process. The texture of the wood is also visible on the inside, but is reduced by the application of paint. The situation is similar at the library in Berlin-Köpenick. On the outside the materiality of the brick has a strong presence, on the inside it is reduced in favour of a homogeneity of space. This distance is necessary in order to free oneself from the strong material statement, to bring peace to the interior, and, above all, also to give the light a leading role.

You think and flesh out the architecture from the different areas of location and use, and from this formulate the task, which you clarify and refine to the material level. The material is neither put first nor last, but is developed from the task in hand. Thanks to the almost inexhaustible possibilities of working with materials, even with buildings with the same choice of materials, the expression is a completely different one.

Materials are not homogeneous. There is always a difference between the surface of a material and its interior. At the kindergarten in Lugano, for example, we worked with thermowood. The wood was effectively

wir mit den 2 bis 3 Zentimetern Material-
tiefe umgehen, zum Beispiel im Hinblick
auf Körnigkeit und Farbe oder die Art und
Weise des Auftrags. Als eigenständiges
Material ist Putz deutlich mehr als etwas
bloß Appliziertes.

Ihr habt ein Wohnhaus in Berlin saniert
und die Fassade in einem mineralischen
Sanierputz ausgeführt, dessen Machart
die Erscheinung des Gebäudes prägt
und es nicht nur wiederherstellt, sondern
gestalterisch in die Gegenwart überführt.

Es handelt sich um die Sanierung eines
Berliner Mietshauses, das wir 2015 fertiggestellt haben. Wir haben zwar das gesam-
te unter Denkmalschutz stehende Gebäude
bearbeitet – ein Viertel des Hauses wurde
entkernt – aber die Transformation der
Fassade ist das einzige, was von unserem
Eingriff im Stadtraum sichtbar ist. Denn
durch den Umgang mit dem Putz und der
gestalterischen Bearbeitung dieser wenige
Zentimeter tiefen Oberfläche hat das Haus
seine neue Identität bekommen.

Wir haben überlegt, wie wir das Material
des Altbaus und seines Putzes veredeln
oder verändern und wie wir ebenfalls den
neuen Teil mit Putz gestalten können. Im
Grunde ging es um einen Prozess der
Valorisierung der Oberfläche. Die neuen
Teile des Gebäudes sind alle in Marmorino,
einem veredelten Putz, ausgeführt und
erscheinen so als abstrakte Körper in den
entkernten Bereichen. Dem gegenüber
steht der Altbau mit seinem traditionellen,
texturreichen Kalkputz. Mit einem minima-
len Relief haben wir auf fast grafische
Weise die Schatten der ursprünglichen
Fassade in der Oberfläche etwas verein-

caramelised by heating, so that the lignins
evaporated and there are hardly any organic
elements left in the wood. What emerges is a
natural protection that does not require paint-
ing. This protection changes the material, with
the result that the surface ages and weathers
more slowly. It is significantly more resistant
to the environment, water and vermin, but mechanically weaker than untreated wood.

The subject of the surface is easy to read,
especially in the case of concrete, due to the
way in which it is processed. Things can be
printed on the surface. Bricks also have an
outside and an inside that you can work with.
Some masonry is also clad, plastered. The
word cladding does not really fit, because
plaster is not just a cladding, but a material
of its own. When it comes to plaster, too, we
naturally ask ourselves how we deal with the
two to three centimetres of material depth,
e.g. with regard to graininess and colour or
the manner of application. As an independent material, plaster is much more than just
something applied.

Bruno Fioretti Marquez Archi-
tekten: Wohnhaus / Apartment
Building Linienstraße, Berlin
© Fotografie / Photograph:
Fulvio Orsenigo, Venedig /
Venice

facht nachgezeichnet. Es wurden 2 Zentimeter tiefe, dreieckige Formen in die Fassade gedrückt. Man kann den Schatten des Gesimses verfolgen, der sich über 20 Meter von 0 auf 2 Zentimeter entwickelt. Durch die Dreiecksform des Reliefs verschwindet das Schattenbild zeitweilig. Kommt die Sonne von der richtigen Seite, dann tritt der Schatten deutlich sichtbar hervor. Auf diese Art und Weise hat das Stadtbild eine attraktive Gründerzeitfassade zurückgewonnen, die gleichzeitig deutlich zeitgenössisch ist.

Überprüft und entwickelt Ihr den Umgang mit einem bestimmten Material auch anhand von Modellen? Habt Ihr beispielsweise für das eben beschriebene Gebäude die Wirkung des Lichts anhand von Modellen ausprobiert?

Ja, unbedingt. Wir machen vor der Ausführung 1:1-Modelle und in der Entwurfsphase große Modelle im Maßstab 1:20 oder 1:10. Diese Putzfassade war so komplex, dass wir ein Teilmodell im Maßstab 1:10 gebaut haben, das etwa 2 Meter hoch war. Zusätzlich haben wir vor Ort auch ein 1:1-Modell gebaut. Das kostete unglaublich viel Zeit und Mühe, aber es war für den Prozess ganz entscheidend. Anhand des Modells konnten wir mit dem Denkmalpfleger sprechen und brauchten eigentlich keine Worte, um ihn von unserem Vorschlag zu überzeugen. Es war auch sehr schön, als wir anfingen, uns gemeinsam über die Tiefe und die Wirkung der Fassade zu unterhalten. Dies war ein wichtiges Gespräch über die Vorstellung, wie sich dieses Gesims oder jene Fensterfasche in die Gegenwart übersetzen ließe. Dieses Projekt ist ein gutes Beispiel dafür, dass

You renovated a residential building in Berlin and executed the facade in a purely mineral-based renovation plaster. The way in which it was made not only shapes the appearance of the building and restores it, but also transfers it into the present in terms of design.

This is the renovation of a Berlin apartment building that wc completed in 2015. We worked on the entire listed building – a quarter of the house had been gutted – but the transformation of the facade is the only thing that can be seen of our intervention in the urban space. Through the use of plaster and the creative treatment of this surface, which is only a few centimetres deep, the house has acquired its new identity.

In the existing building we considered how we could refine or change the material of the old building and its plaster, and how we could also design the new part with plaster. Basically, it was a process of refining the surface. The new parts of the building are all finished in marmorino, a refined plaster, and thus appear as abstract bodies in the stripped areas. Facing it is the old building with its traditional, texture-rich lime plaster. Using a minimal relief, we traced the shadows of the original facade on the surface in an almost graphic way. Two-centimetre-deep, triangular shapes were pressed into the facade. One can follow the shadow of the cornice, which develops from zero to two centimetres over 20 metres. Due to the triangular shape of the relief, the shadow image temporarily disappears. When the sun comes from the right side, the shadow is clearly visible. In this way, the cityscape has regained an attractive Gründerzeit facade that is also clearly contemporary.

sich Licht- und Materialwirkung teilweise nur anhand von Modellen überprüfen lassen. Bei einer Zeichnung bleibt häufig die Frage, wie etwas räumlich funktionieren kann. Oft bemerkt man erst anhand eines Modells, ob etwas richtig ist oder nicht.

Gibt es im Entwurfsprozess der Projekte, die Ihr bearbeitet, Parallelen? Und wenn ja, was sind diese Parallelen? Oder ist es bei jedem Projekt ein anderer Weg, den Ihr beschreitet?

Unsere Arbeitsweise ist immer ähnlich, aber wir kommen in der Regel immer zu unterschiedlichen Ergebnissen. Die jeweiligen Rahmenbedingungen bestimmen das Resultat. Mit der Zeit stellen sich uns allerdings Aufgaben, bei denen wir an Projekte erinnert werden, die wir bereits entworfen oder realisiert haben.

Monolithisches Bauen

Welchen Stellenwert nimmt das Arbeiten mit der Materialität in Deiner Lehr- und Forschungstätigkeit an der Hochschule ein?

Einen sehr großen! Zusammen mit Donatella Fioretti, Pepe Marquez und Till Boettger arbeiten wir an einem Forschungsvorhaben zum Thema monolithisches Bauen. Das Material ist dabei natürlich das A und O. Wir arbeiten an diesem Thema in unserer eigenen Praxis und versuchen, die Erkenntnisse in die Lehre und die Forschung einzubetten. Beim Entwerfen von Gebäuden und bei allem, was die Studierenden analysieren, ist ihr Blick stets auch auf die Materialität gerichtet. Damit rückt auch das Thema der Konstruktion

Do you also check and develop the handling of a certain material on the basis of models? Did you, for example, try out the effect of light with models for the building just described?

Yes, absolutely. Before construction we make 1:1 models and in the design phase large models on a scale of 1:20 or 1:10. This plaster facade was so complex that we built a partial model on a scale of 1:10, which was about two meters high. In addition, we also built a 1:1 model on site. This took an incredible amount of time and effort, but it was crucial to the process. On the basis of the model, we were able to talk to the monument conservator and actually didn't need any words to convince him of our proposal. It was also very nice when we started talking together about the depth and effect of the facade. This was an important conversation about the idea of how this cornice or this window pilaster could be translated into the present. This project is a good example of the fact that the effect of light and material can sometimes only be tested by using models. With a drawing, the question often remains how something can function spatially. Often it takes a model to determine whether something is correct or not.

Are there parallels in the design processes of the projects you are working on? And if so, what are these parallels? Or is it a different path you take with every project?

Our working methods are always similar, but we usually come up with different results. The respective framework conditions determine the result. Over time, however, we are confronted with tasks in which we are reminded of projects that we have already designed or implemented.

mit diesen Materialien in den Vordergrund. Mittlerweile ist ja ein Großteil der Neubauten lediglich verkleidet; die Grundkonstruktion unterschiedlicher Gebäude ist oft die gleiche. Da scheint es kaum noch eine Rolle zu spielen, was man davorhängt. Wir sind aber der Meinung, dass das nicht der Fall ist. Ein Material bedingt eine bestimmte Technologie. Man kann vielleicht noch weitergehen und sagen, jedes Material und seine Konstruktion widmen sich einem Raum. In dem Moment, in dem klar wird, dass Raum und Konstruktion, Entwerfen und Konstruieren zwei Seiten derselben Medaille sind, muss man akzeptieren, dass ein Material und seine Konstruktion das Entwerfen beeinflussen und umgekehrt. Andernfalls würde diese Identität nicht existieren. Das ist der Unterschied zwischen dem heutigen Baustandard der mehrschichtigen Konstruktionen, bei dem das Kleid austauschbar ist, und einem Gebäude und seiner Konstruktion, die aus einem Material erwächst. In der Lehre ist das für mich zentral, und dies versuche ich, konstant zu vermitteln, sowohl in den theoretischen Fächern als auch im Entwurf. Ich gehe mit den Studierenden diesen Dialog ein, indem ich bei der Entwicklung ihrer Konzepte schon die Frage nach der Materialität stelle und ein Bewusstsein dafür schaffe, dass das Material die Architektur bis ins Detail maßgeblich mitbestimmt.

Ihr forscht gemeinsam am Thema des monolithischen Bauens. Ist dieses Thema so klar umrissen, wie es scheint? Fokussiert Ihr Euch auf bestimmte Materialien oder lässt sich das Thema eigentlich auf alle Materialien beziehen, in Abhängigkeit von der Art und Weise, wie sie verarbeitet werden?

Monolithic Construction

How important is working with materiality in your teaching and research activities at the university?

Very important! Together with Donatella Fioretti, Pepe Marquez and Till Boettger we are working on a research project on monolithic construction. The material is of course the alpha and omega here. We work on this issue in our own practice and try to embed the findings into our teaching and research. In the design of buildings and in everything that the students analyse, their view is always also directed towards materiality. This also brings the topic of construction with these materials to the fore. Nowadays, most new buildings are merely clad; the basic construction of different buildings is often the same. It hardly seems to matter what they are clad in. However, this isn't our view. A material requires a certain technology. Perhaps one can go even further and say that every material and its construction is dedicated to a space. The moment it becomes clear that space and construction, design and construction are two sides of the same coin, one must accept that a material and its construction influence design and vice versa. Otherwise, this identity would not exist. This is the difference between todays multilayer construction standards, where the cladding is interchangeable, and a building whose construction results from a material. This is central to my teaching and I try to convey this constantly, both in theoretical subjects and in design. I enter into this dialogue with the students by asking the question of materiality when developing their concepts and creating an

Als wir begonnen haben, über monolithisches Bauen zu sprechen, mussten wir feststellen, dass es als Begriff überhaupt nicht definiert ist. Jeder von uns kennt hervorragende Architekturen, die monolithisch errichtet sind, aber jeder versteht das Monolithische in der Architektur anders. Der Begriff wird derzeit jedoch inflationär gebraucht. Wir haben zum Beispiel 2017 den Deutschen Ziegelpreis in der Kategorie *monolithische Bauweise* gewonnen. Das Projekt, für das wir ausgezeichnet wurden, ein Wohnungsneubau am Schillerpark in Berlin, erscheint als ein ganz gewöhnlich verputztes Gebäude, ist jedoch tatsächlich massiv gemauert. Es erhebt den Anspruch auf eine gewisse Homogenität, auch wenn zum Teil die Wände kombiniert aus Beton und Ziegel errichtet sind. Die Struktur funktioniert einschichtig und ist nicht, wie sonst üblich, geschichtet aufgebaut. Das ist der wesentliche Unterschied zwischen dem tatsächlich Monolithischen und dem, was nur so erscheint. Wir versuchen, das Thema zu definieren, diese Metapher zu schärfen. Grundsätzlich kommt das Wort monolithisch vom Griechischen μονο und λίθος und bedeutet so viel wie: aus einem Stein. Einen Monolith gibt es in der gegenwärtigen Architektur als solchen nicht, es gibt heute aus einzelnen Elementen komplex gefügte Bauwerke. Es stellt sich also die Frage, welche die bestimmenden Kriterien des Prädikats *monolithisch* in der Architektur sein können. Diese Bauweise ist im Moment tatsächlich noch eine Nischenbauweise, und wir versuchen derzeit, die Zukunfts- und Leistungsfähigkeit dieser Bauart zu ergründen, denn wir sind der Überzeugung, dass die geschichteten Konstruktionen allmählich zu komplex

awareness decisive influence material has on the architecture, down to the last detail.

You're doing research together on the topic of monolithic construction. Is this issue as clearly defined as it seems? Do you focus on certain materials or can the topic actually be related to all materials, depending on the way they are processed?

When we started talking about monolithic construction, we realised that it wasn't defined as a term at all. All of us are familiar with excellent monolithic architecture, but everyone understands the monolithic in architecture differently. However, the term is currently used in an excessive manner. In 2017, for example, we won the German Brick Award in the category of *monolithic construction*. The project for

Bruno Fioretti Marquez Architekten: Umbau / Renovation Schloss Wittenberg © Fotografie / Photograph: Stefan Müller, Berlin

geworden sind. Zudem ist es auch unser Anspruch, den Raum wieder ins Zentrum des Architekturgeschehens zu stellen und eben nicht die korrekte Anordnung und Auswahl von Folien.

Mit dem Anspruch und der Bauweise sprecht Ihr unmittelbar auch einen Aspekt der Nachhaltigkeit an. Denn wenn Bauten monolithisch wären, wirklich aus einem Material – Ausbau und Elemente wie Fenster etc. ausgenommen – sind der Rückbau und das Recycling deutlich einfacher. Du hast den Aspekt der gleichen Bauart unterschiedlicher Bauten angesprochen: Die Rohbauten sehen oft identisch aus, erst die Verkleidung durch die vorgehängte Fassade macht den Unterschied und die Identifizierbarkeit der Bauwerke aus. Beim monolithischen Bauen entspricht der Rohbau idealerweise dem fertigen Bauwerk. Das ist doch auch ein spannender Aspekt, oder?

Ja, gewiss! Hinzu kommt, dass man in dem Moment, in dem eine gewisse Einfachheit auf dem Bau erzeugt und erreicht wird, die beteiligten Handwerker wieder stärker gefragt sind. Damit hat man die Möglichkeit, etwas zu tun, zu lenken. Beim Einbau eines fertigen Produkts, das nur auf eine bestimmte Art geklebt oder befestigt werden kann, haben die Handwerker selbst wenig Einfluss. Derjenige, der baut, kann so im Grunde nicht wirklich etwas tun oder gestalterisch beeinflussen, sondern sieht nur zu, dass die Linien gerade sind. Aber in dem Moment, in dem die Arbeit, die Konstruktion wieder handwerklich ist, wird der Handwerker auf der Baustelle in seiner genuinen Kompetenz gefordert. Heute sind sie häufig

which we received the award, a new residential building at Schillerpark in Berlin, appears to be a very ordinary plastered building, but is actually solidly built. It has a certain homogeneity, even if some of the walls are made of a combination of concrete and bricks. The structure works as a single layer and is not, as is usually the case, built up in layers. This is the essential difference between what is actually monolithic and what only appears that way. We try to define the topic, to sharpen this metaphor. Basically, the word monolithic comes from the Greek μονο and λίθος and means something like made of a stone. There is no monolith in contemporary architecture as such; today there are complex structures made up of individual elements. The question therefore arises as to which of the determining criteria of the term *monolithic* can exist in architecture. This is still a niche construction method at the moment and we are currently trying to determine the future and efficiency of this construction method, because we are convinced that layered constructions have gradually become too complex. In addition, it is also our aim to put space back at the centre of architectural events instead of the correct arrangement and selection of plastic sheets.

With the demand and the construction method you also directly address an aspect of sustainability. Because if buildings were monolithic, really made of one material – with the exception of finishing and elements such as windows, etc. – dismantling and recyclability would be much easier. You mentioned the aspect of the same type of construction in different buildings: The shells often look identical, only the cladding on the curtain wall makes different and the buildings identifiable. In monolithic construction, the shell ideally

überfordert, weil alle Bauelemente hochspezialisiert sind und es darauf ankommt, die Elemente richtig zu kombinieren. Wenn es gelingt, diesen Prozess etwas zu vereinfachen, dann werden wir vielleicht wieder bessere Bauten, architektonisch relevante Gebäude erhalten. Und der Fokus beim Planen und Bauen wird ein anderer sein; er liegt dann eben nicht mehr – überspitzt gesagt – auf der richtigen Produktauswahl aus dem Katalog. Das ist es, was hinter dem Monolithischen steht.

Du sprichst von einem Forschungsvorhaben, an dem Ihr als Partner gemeinsam arbeitet, dessen Thematik Du aber auch in die Lehre einbringst und mit Studierenden bearbeitest. Wie arbeitet Ihr als Team daran, neben Eurer jeweiligen Lehrtätigkeit und den zahlreichen Projekten Eures gemeinsamen Büros?

Für uns gibt es drei unterschiedliche Momente der Bearbeitung: Es gibt zum einen die praktische und alltägliche Auseinandersetzung im Büro mit tatsächlichen Bauprojekten. Weiter gibt es Momente, in denen wir zusammen sitzen, Ergebnisse aus der eigenen Praxis reflektieren und diskutieren, wie diese Erkenntnisse in zukünftigen Projekten umgesetzt werden können. Zum anderen bieten wir an jeder unserer Hochschulen Seminare unter diesem Titel an, in denen wir versuchen, Studienmaterial zu erzeugen und uns inhaltlich und thematisch weiterzuentwickeln. Und so kommen in diesen Seminaren manchmal spannende Gebäude als Referenz der Studierenden ins Spiel, die wir bisher noch nicht kannten. Wir haben das Thema des monolithischen Bauens für uns strukturell dreigeteilt:

corresponds to the finished structure. That's an exciting aspect, isn't it?

Yes, of course! In addition, the moment a certain simplicity is created and achieved on the construction site, the craftsmen can demonstrate their know-how. This gives you the opportunity to do something, to have a bearing. When installing a finished product that can only be glued or fastened in a certain way, the craftsmen themselves have little influence. The person who actually builds can't really do anything or influence the design, but just make sure that the lines are straight. But the moment the work, the construction, is once again manual, the craftsman's genuine competence is called for again on the construction site. Today, they are often overwhelmed because all components are highly specialised and it is important to combine the elements correctly. If we succeed in simplifying this process a little, then we will perhaps get better buildings, architecturally relevant buildings. And the focus in planning and building will be different; it will no longer – to put it bluntly – be on the right product selection from the catalogue. This is what is behind the monolithic.

You are talking about a research project on which you work as a partner, but whose theme you also bring into teaching and work on with students. How do you work as a team, alongside your respective teaching activities and the numerous projects in your joint office?

For us, there are three different moments in the work: On the one hand, there is the practical and everyday involvement actual construction projects in the office. Furthermore, there are moments in which we sit together, reflect on results from our own practice and

1. das Schichten, 2. das Gießen und 3. das Montieren. Ersteres ist zum Beispiel Mauerwerk, zweiteres Beton oder alles, was in einem Prozess zu Einem verbunden werden kann, und das dritte ist das Prinzip der Montage mit monolithischen Teilen. Die Hybride werden ein weiteres Thema darstellen. Die ersten beiden Teile und ihre einhergehenden Bauweisen sind relativ klar, der dritte Teil ist noch deutlich weniger scharf umrissen. Also wollen wir vor allem hier versuchen zu erfassen, was sich noch nicht so einfach zuordnen und klären lässt. So ist im Groben unsere Arbeitsstruktur.

> Wird es bei den Büchern, an denen Ihr zum Thema des monolithischen Bauens arbeitet, auch um Eure eigenen Bauten gehen?

Wir haben den Anspruch, Handbücher mit Essays zum Thema zu erarbeiten. Eine gute Referenz ist *Architektur konstruieren* von Andrea Deplazes: ein fantastisches Konstruktionsbuch, das eine Vielzahl architektonischer Beispiele, bauthematische Aspekte und gut erläuterte Projekte enthält. Wir denken an drei eher kleinere Bücher. Es wird zunächst eine theoretische Auseinandersetzung mit dem Begriff geben, einen Versuch einer offenen Definition und es sollen einige Aspekte untersucht oder erläutert werden. Anhand von Beispielen werden wir Fragestellungen und Problematiken klären. Zusätzlich soll es auch eine kurze geschichtliche Betrachtung geben, die die Idee des monolithischen Bauens in einen historischen Kontext bettet. Die Idee von Schwere eines Gebäudes *aus einem Stück* ist teilweise negativ und teilweise positiv aufgeladen.

discuss how these findings can be implemented in future projects. On the other hand, we offer seminars under this title at each of our universities, in which we try to produce study material and to further develop ourselves in terms of content and subject matter. And so in these seminars students will sometimes refer to interesting buildings that we weren't previously aware of.

We have structurally divided the topic of monolithic construction into three parts for ourselves: 1. the layering, 2. the casting, and 3. the assembly. The first is, for example, masonry, the second concrete or anything that can be combined in one process, and the third is the principle of assembly from monolithic parts. Hybrids will be another topic. The first two parts and their accompanying construction methods are relatively clear, the third part is still much less sharply outlined. In this way we try to understand what is not yet so easy to assign and clarify. This is roughly the structure of our work.

> Will the books you are working on, on the topic of monolithic building, also deal with your own buildings?

Our aim is to develop manuals with essays on the subject. A good reference is "Constructing Architecture" by Andrea Deplazes: this is a fantastic book on construction, which contains a multitude of architectural examples, building themes and well explained projects. We're thinking of three smaller books. First there should be a theoretical examination of the term, an attempt at an open definition, and some aspects should be examined or explained. We will use examples to clarify questions and problems. In addition, there should also be a brief historical review that

Es soll einige historische, aber auch zeitgenössische Beispiele geben, die im Detail betrachtet werden. Wir versuchen zu verstehen, wie die Probleme gelöst und was die Qualitäten des jeweiligen Gebäudes sind. Es werden Bauten von uns, aber auch von anderen Architekten untersucht, um unsere gegenwärtige Position im Baugeschehen und die Zukunftsfähigkeit der monolithischen Bauweise zu bestimmen. Das Schwierigste wird sein, einerseits zu fokussieren und andererseits ein internationales Spektrum zu betrachten. In Südamerika gibt es zum Beispiel fantastische zeitgenössische Gebäude. Man erkennt zwar, dass die dortige Betonierqualität eine andere als die hiesige ist, aber die Materialität kommt mit einer atmosphärischen Stärke heraus, der wir hier einfach unterlegen sind. Da betrachtet man eine Wand und staunt: Dies ist tatsächlich ein Stück Wand, das ist gut gelöst. So ein Stück möchte man auch hier schaffen!

Die Bücher stellen auch einen Versuch dar, einige Aspekte der hiesigen Normierung kritisch zu betrachten: inwieweit das strikte Anwenden von Normen architektonische Problemstellungen beispielsweise nicht mitberücksichtigen kann. Sie banalisieren vielleicht eine Bauweise und verkomplizieren gleichzeitig eine andere. Deshalb sollen diese Fallbeispiele aufzeigen, dass eine andere Richtung praktikabel ist.

Ihr geht den Fragen, die Ihr Euch selbst stellt, damit auch durch die grundlegende Betrachtung anderer Bauwerke auf den Grund?

Ja, wir denken, das ist gut für die Lehre, für die Studierenden gleichermaßen wie

places the idea of monolithic construction in a historical context. The idea of the weight of a building of *a single piece* is partly negatively and partly positively charged.

There are some historical as well as contemporary examples, which will be considered in detail. We will try to understand how the problems are solved and what the qualities of each building are. Buildings will be examined by us, but also by other architects, in order to determine our current position in construction and the future viability of monolithic construction. The most difficult thing will be to maintain focus on the one hand, and to look at an international spectrum on the other. In South America, for example, there are fantastic contemporary buildings. You can see that the concreting quality there is different from that here, but the materiality stands out with an atmospheric strength that we are simply inferior in producing. One looks at a wall and is amazed: That's a proper piece of wall, that's well worked out. One would like to create something like that here!

The books also represent an attempt to take a critical look at some aspects of local standardisation: to what extent, for example, the strict application of standards cannot take architectural problems into account. They may trivialise one construction method and complicate another at the same time. Therefore, these case studies should show that a different direction is feasible.

You also get to the bottom of the questions that you ask yourself through the fundamental consideration of other buildings.

Yes, we think this is good for teaching, for the students as well as for us, because we have

für uns, weil wir uns einige Fragen gestellt und diese gründlich untersucht haben. Es ist auch klar, dass wir uns zeitlich überschätzt haben und mit der Bewältigung der Aufgabe in dieser Hinsicht etwas überfordert sind. Das macht allerdings nichts, denn es ist ein großes Thema, und wir sind auf der Suche nach Verbündeten.

Material und Konstruktion

Wie sind Eure Erfahrungen mit den Bauherren? Sind sie offen für diese Bauweise oder gibt es Einwände, wenn man vorschlägt, eine massive Mauerwerkswand zu bauen, die entsprechend dick ist. Gibt es Vorbehalte oder Ängste?

Unsere Bauherren haben uns ausgewählt. Wir gewinnen Wettbewerbe auch, weil der Bauherr denkt, dass unser Vorschlag interessant ist. Ergo sind unsere Bauherren wahrscheinlich nicht allzu repräsentativ. In der Regel gelingt es uns, Bauherren zu überzeugen, dass unser Vorschlag einer bestimmten Materialität gut ist. Wir nehmen für uns in Anspruch zu sagen: Das ist eine vernünftige, eine sinnvolle Bauart. Die Reaktionen sind unterschiedlich. Oft sind Bauherren schlecht informiert und verweisen auf Flächenverluste oder Kostensteigerungen, wobei beides mittlerweile minimal ist. Die Themen der Nachhaltigkeit und der Wartung können diesen Unterschied wettmachen. Es gibt zwar immer wieder kritische Akteure, aber grundsätzlich mögen alle diese Stabilität, die hinter dem Begriff des Monolithischen steckt – vor allem, wenn Bauherren mit konventionellen Bauweisen bereits schlechte Erfahrungen gemacht haben.

asked ourselves some questions and studied them thoroughly. It is also clear that we have overestimated the time we have available and are somewhat overwhelmed by the task in this respect. But that doesn't matter, because it's a huge topic and we're looking for allies.

Material and Construction

What are your experiences with the clients? Are they open to this construction method or are there any objections if one proposes building a solid masonry wall that is correspondingly thick? Are there any reservations or fears?

Our clients choose us. We win competitions partly because the client thinks that our proposal is interesting. Therefore, our clients are probably not too typical. As a rule, we are able to convince clients that our proposal for a certain materiality is good. We give ourselves the right to assert that this is a reasonable, a sensible design. Reactions vary. Clients are often poorly informed and point to a loss of space or cost increases, both of which are now minimal. Sustainability and maintenance issues can make up for this difference. There are always critical figures, but basically everyone likes the stability behind the concept of the monolithic – especially if clients have already had bad experiences with conventional construction methods. This was also the case at the kindergarten in Karlsruhe. We had initially proposed a conventional double-shell construction and a plastered building in the competition. We didn't want to polarise at such an early stage. In conversation with the client, we then recommended building a solid structure instead of a conventional thermal insulation composite system. Finally, we also

So war es auch beim Kindergarten in Karlsruhe. Wir hatten zunächst im Wettbewerb eine konventionelle zweischalige Konstruktion und ein verputztes Gebäude vorgeschlagen. Wir wollten an einem so frühen Zeitpunkt nicht polarisieren. Im Gespräch mit dem Bauherrn haben wir dann empfohlen, statt eines gewöhnlichen Wärmedämmverbundsystems einen massiven Bau zu errichten. Und wir haben schließlich auch gesagt, dass es richtig wäre, wenn diese Massivität sichtbar ist. Deswegen haben wir uns für einen Sichtbetonbau entschieden, der leicht lasiert ist. Damit konnte die Farbe nach dem Ausschalen nochmal feinjustiert werden und erhält so eine handwerkliche Prägung.

Im Zusammenhang mit Material und Konstruktion wird oft von *materialgerechtem* Bauen gesprochen. Du lachst. Ich frage das deshalb, weil mir dieser Begriff noch weniger definiert scheint als der des monolithischen Bauens. Kannst Du damit etwas anfangen? Oder wie würdest Du materialgerechtes Bauen definieren? Du vermeidest es, den Begriff zu verwenden, obwohl Du eigentlich davon sprichst.

Ja, weil ich glaube, dass das ein zu technischer Begriff ist. Materialgerecht – da stellt sich erst einmal die Frage, wer diese Gerechtigkeit bestimmt? In der Regel bedeutet materialgerecht DIN-konform.

Wobei Deine indirekte Definition von *materialgerecht* doch genau das trifft, was allem gerecht wird, dem Bauherrn und Nutzer, dem Material und der Konstruktion, dem Planer und dem Handwerker und letztlich auch der Umwelt im räumlichen wie ökologischen Sinne.

said that it would be right for this solidity to be visible. That is why we decided on a fair-faced concrete structure that is lightly glazed. This made it possible to fine-tune the colour again after stripping the formwork, giving it a craftsman's stamp.

In connection with material and construction, *material-appropriate* construction is mentioned. You laugh. I ask, because to me this term seen even less defined than that of monolithic construction. Do you understand this idea? Or how would you define material-appropriate construction? You seem to be avoiding the term even though you are talking about it.

Yes, because I think it's too technical a term. Material-appropriate – that raises the question of who determines what is appropriate? As a rule, appropriate to the material means conforming to DIN standards.

Although your indirect definition of *material-appropriate* is exactly that which does justice to everything, the client and user, the material and the construction, the planner and the craftsman and ultimately also the environment in the spatial and ecological sense.

However, these are not the parameters that the German Institute for Standardisation determines and therefore they are not a solution, but rather part of the problem. There are many colleagues who try to abide by the letter of the law if they do try to go beyond the narrow corset of DIN standards architecturally. In many demanding tasks, that limit is quickly reached. Material-appropriate would be nice if it meant understanding the material and its

Dies sind allerdings nicht die Parameter, die das Deutsche Institut für Normung bestimmt, und somit sind sie nicht Lösung, sondern viel mehr Teil des Problems. Es gibt viele Kolleginnen und Kollegen, die versuchen, am Rand des Legalen zu bleiben, wenn sie versuchen, architektonisch über das enge Korsett der DIN hinauszugehen. Bei vielen anspruchsvollen Aufgaben ist schnell die Grenze erreicht. Materialgerecht wäre schön, wenn es bedeuten würde, dass man Verständnis für das Material und seine Eigenschaften, Möglichkeiten und Beschränkungen hat. Dann erst kann wirklich die Essenz des Materials zur Wirkung kommen.

Gelegentlich trifft man auf Handwerker, die das Material tatsächlich noch im Blut haben. Wir haben zum Beispiel mit einem bayerischen Steinmetz zusammengearbeitet, der sein ganzes Leben der Bearbeitung von Steinen gewidmet hat, der jedes Gestein kannte und wusste, wie es zu bearbeiten ist. Mit viel Fantasie und Engagement hat er darüber nachgedacht, wie über konventionelle Grenzen der Industrie hinweggegangen werden kann. Gleichzeitig hat er mit großem technischen Sachverstand bauaufsichtliche Zulassungen für alles Mögliche erwirken können. Leider hat sein Unternehmen nun Konkurs anmelden müssen, weil sich diese Art der Arbeit und des Eigeneinsatzes nicht rechnete. Von ihm habe ich viel über Steine gelernt: Wie Steine funktionieren, wie man ihre Richtung bestimmt, wie man die härteren von den weicheren unterscheidet und vieles mehr. So habe ich ein ganz anderes Verständnis für das Material entwickeln können. Mit solchen Menschen kann man Architektur machen!

properties, possibilities and limitations. Only then can the essence of the material really take effect.

Occasionally, you meet craftsmen who actually still have the material in their blood. For example, we worked with a Bavarian stonemason who devoted his whole life to working stones, who knew every stone and how to work it. With a lot of imagination and commitment, he has come up with ideas on how to go beyond the conventional boundaries of industry. At the same time, he has used his great technical expertise to gain building authority approvals for all sorts of things. Unfortunately, his company had to file for bankruptcy because this type of work and personal commitment did not pay off. I learned a lot about stones from him: how stones work, how to determine their direction, how to distinguish between the harder and the softer ones and much more. Thus I was able to develop a completely different understanding of the material. You can really create architecture with people like that!

Licht

Für die Wahrnehmung von Materialität und Oberflächen ist das Licht essentiell. Wie arbeitet Ihr mit dem Material Licht?

Im Hinblick auf das Material hat das Thema Licht eine besondere Bedeutung. Es gibt keine Architektur ohne Licht. Wir sprechen während des Entwurfs und der Bearbeitung viel über das Licht. Es ist eigentlich das wichtigste Material in der Architektur. Es materialisiert sich auf der Oberfläche des gebauten Materials und erweckt es zum Leben. Erst wenn das gelingt, kann über die Qualitäten des Lichts, seine Dichte, seine Intensität gesprochen werden. Das ist das konkrete Anliegen. Sonst bleibt Architektur abstrakt und anonym. Im Idealfall gelingt es, das Licht so einzufangen und zu führen, dass der Architektur Materialität und Stimmung verliehen wird.

Vom französisch-ungarischen Fotografen Lucien Hervé gibt es fantastische Fotografien der Bauten Le Corbusiers. Hervé hat nahezu alle Bauten Le Corbusiers fotografiert und verbrachte viel Zeit mit ihm. In seinen Aufnahmen ist viel Schwarz, auf eine fast pastöse Art. Auf die Oberflächen fällt nur wenig Licht und die Schwere des Betons ist spürbar. Das ist fantastisch. Ähnlich gut wie seine Bilder sind die Fotografien von Hélène Binet. Auch sie erfasst mit ihren Fotografien diese unendlichen Schatten, die schwer und satt sind und eine sinnliche Erfahrung vermitteln. Um so etwas zu erreichen, braucht es eine tiefgehende Auseinandersetzung mit dem Material. Der Beton von Le Corbusier ist etwas Besonderes und völlig anders als die glatten, glänzenden Oberflächen,

Light

Light is essential for the perception of materiality and surfaces. How do you work with light as a material?

With regard to material, the subject of light has a special significance. There is no architecture without light. We talk a lot about light during design and development. It is actually the most important material in architecture. It materialises on the surface of the built material and brings it to life. Only if this succeeds can we talk about the qualities of light, its density, its intensity. That is the specific concern. Otherwise architecture remains abstract and anonymous. Ideally, it is possible to capture and direct the light in such a way that the architecture is given materiality and atmosphere.

The French-Hungarian photographer Lucien Hervé took some fantastic photographs of Le Corbusier's buildings. Hervé photographed almost all of Le Corbusier's buildings and spent a lot of time with him. There is a lot of black in his pictures, in an almost paste-like way. Very little light falls on the surfaces and the weight of the concrete is noticeable. That's fantastic. Hélène Binet's photographs are similarly impressive. In her photographs, she too has captured these infinite shadows, which are heavy and rich and convey a sensual experience. To achieve something like this, a thorough examination of the material is required. Le Corbusier's concrete is something special and completely different from the smooth, shiny surfaces we know today. Le Corbusier worked like a sculptor on the surface of his concrete. He had the formwork done in such a way that the concrete became rougher and the light found traction on its surface.

die wir heute kennen. Le Corbusier arbeitete wie ein Bildhauer an der Oberflächenbeschaffenheit seines Betons. Er ließ so schalen, dass der Beton rau wurde und das Licht an seiner Oberfläche Halt findet.

Das setzt nicht nur genaue Vorstellungen, sondern ebensolche Kenntnisse der Wirkung des Lichts auf der Oberfläche eines bestimmten Materials voraus. Wie muss ein Material sein, wie glatt oder rau, abweisend oder aufnehmend, samtig oder schroff, um das Licht abblitzen zu lassen oder einzufangen. Wie studiert Ihr diese Aspekte für Eure Bauten?

Materialmuster und großmaßstäbliche Modelle sind dafür unerlässlich. Sie sind abstrakt und konkret, zugleich haptisch, fast wie die Architektur, für die sie stellvertretend stehen sollen. In großmaßstäbliche Modelle kann man den Kopf hineinstecken, die Räume quasi betreten und sie so erleben, als wäre man in ihnen. So werden auch die Unterschiede von Material und Licht wahrnehmbar.

Am Modell kann man in der Tat gleichermaßen mit Material wie mit Licht arbeiten. Bei Entwurfsprojekten entwickeln und überprüfen unsere Studierenden die eigenen räumlichen Vorstellungen nicht nur anhand großmaßstäblicher Modelle, sondern nutzen diese auch, um ihre Auffassungen in Form von Bildern zu vermitteln. Und sie können insbesondere das Licht im Raum fotografisch oder mit filmischen Mitteln optimal dokumentieren. Oft sind es reine *Fotomodelle,* um bestimmte Aspekte von Material oder Licht zu überprüfen und im Foto festzuhalten. Die Möglichkeit, mit dem eigenen Blick in den gebauten Raum

This requires not only precise ideas but also knowledge of the effect of light on the surface of a certain material. How does a material have to be, how, smooth or rough, reflective or absorbing, velvety or rugged, to let the light flash off or capture it? How do you study these aspects for your buildings?

Material samples and large-scale models are indispensable for this. They are abstract and concrete, tactile at the same time, almost like the architecture which they are supposed to represent. You can stick your head into large-scale models, almost enter the spaces and experience them as if you were inside them. This also makes the differences between material and light perceptible.

Indeed, you can work on the model with material as well as with light. In design projects, our students not only develop and check their own spatial ideas using large-scale models but also use them to convey their ideas in the form of images. And they can document the light in the space in an optimal way, either photographically or with filmic means. Often they are pure *photographic models* to check certain aspects of material or light and to record them in the photo. The possibility of entering the built space with one's own gaze is one thing, capturing this gaze is another. It is an important design tool. It increases the awareness of the harmony of materiality and light. Even if this is only a snapshot and does not correspond to the actual wandering through a space, I insist on these pictures. Ultimately, the model usually offers both: the possibility of moving through the space with one's gaze and to capture the harmonious moment.

quasi eintreten zu können, ist das eine, diesen Blick einzufangen das andere. Es ist ein wichtiges Entwurfswerkzeug. Es schärft das Bewusstsein für den Zusammenklang von Materialität und Licht. Auch wenn das nur eine Momentaufnahme ist und nicht dem lebendigen Durchwandern eines tatsächlichen Raums entspricht, fordere ich diese Bilder. Letztlich bietet das Modell in der Regel beides: die Möglichkeit, sich mit dem Blick durch den Raum zu bewegen, und das Festhalten des stimmigen Moments.

Ja, das Fotografieren ist wichtig, denn es erfordert die Auseinandersetzung mit Raum und Licht, Material und Proportion. Bestimmte Situationen können fixiert werden und anhand von Alternativen untersucht werden. So werden Bilder selbst zu Instrumenten des Entwurfs.

Yes, photography is important, because it requires involvement with space, light, material and proportion. Certain situations can be fixed and examined using alternatives. Thus, images themselves become instruments of the design.

Bruno Fioretti Marquez Architekten: Stellwerk / Signal Box, Pollegio © Fotografie / Photograph: Alessandra Chemollo, Venedig / Venice

Bewegung

Motion

Welche Rolle spielt die Bewegung beim Entwerfen von Gebäuden oder Räumen für Euch? Bei der Betriebszentrale des Gotthardbasistunnels, die 2014 fertiggestellt wurde, geht es stark um den sich in der Vorbeifahrt verändernden Blick auf dieses skulptural prägnante Bauwerk. Im Wettbewerb habt Ihr genau das durch eine Sequenz an Bildern vermittelt. Wie und mit welchen Mitteln habt Ihr die Form für diesen Monolith entwickelt?

What role does movement through space play for you in designing buildings or spaces? The operating centre of the Gotthard Base Tunnel, which was completed in 2014, is all about the changing view of this sculpturally striking building as one passes by. In the competition, you conveyed exactly that through a sequence of images. How and with what means did you develop the form for this monolith?

In diesem Fall haben wir mit vielen Modellen gearbeitet. Zunächst hatten wir ein symmetrisches, T-förmiges Gebäude entworfen. Es war bereits gut, aber doch nicht ganz überzeugend, sodass wir es

In this case we worked with many models. First we designed a symmetrical, T-shaped building. It was already good, but not quite convincing yet, so we turned it over diagonally. And that was it! That was

über die Diagonale gedreht haben. Und das war es dann! Das hatte einen Gang mehr. Anhand von Modellen haben wir die Figur präzisiert, kontrolliert und immer wieder überprüft. Tatsächlich haben wir einen Film gedreht, indem wir den Baukörper dreidimensional simuliert haben. Mit dem Computerprogramm sind wir in den Zug gestiegen und haben es uns quasi im Tal vorbeifahrend angeschaut und gesehen, wie und ob das Objekt funktioniert. Beispielsweise waren die Fenster in einer frühen Fassung zu groß und im weiteren Entwurfsverlauf haben wir die Erscheinung weiter geordnet und präzisiert. All diese Punkte haben wir aber vor allem parallel anhand von immer größeren und präziseren Modellen untersucht.

a step up. Using models, we made the figure more precise, revised and checked it again and again. In fact, we made a film in which we simulated the building in three dimensions. We got on the train in the computer program, and virtually travelled past it in the valley to see how and whether the object worked. For example, the windows were too large in an early version, and in the course of the design we further rearranged and refined the appearance. However, at the same time we also examined all these points using ever larger and more precise models.

Biografien Biographies

Andreas Bründler

1997 gründete Andreas Bründler zusammen mit Daniel Buchner das Büro Buchner Bründler Architekten in Basel. 2003 wurde er in den Bund Schweizer Architekten aufgenommen. 2008 und 2009 war er Gastprofessor an der Ecole Polytechnique Fédérale von Lausanne. An der Eidgenössischen Technischen Hochschule in Zürich folgte von 2010 bis 2012 eine Gastdozentur im Bereich Entwurf. An eine Lehre als Hochbauzeichner von 1984 bis 1987 in Zug schloss ein Architekturstudium an der Ingenieurschule beider Basel von 1989 bis 1993 an. Danach arbeitete er von 1994 bis 1997 im Architekturbüro Miller & Maranta in Basel.

Andreas Bründler

In 1997 Andreas Bründler and Daniel Buchner founded Buchner Bründler Architekten in Basel. In 2003 Andreas Bründler was admitted to the Federation of Swiss Architects. In 2008 and 2009 he was a visiting professor at the Ecole Polytechnique Fédérale in Lausanne. From 2010 to 2012 he was a guest lecturer in design at the Swiss Federal Institute of Technology (ETH) in Zurich. After an apprenticeship as a structural draughtsman from 1984 to 1987 in Zug, he studied architecture at the School of Engineering of both Basels from 1989 to 1993. From 1994 to 1997 he worked in the architectural office of Miller & Maranta in Basel.

Piero Bruno

1995 gründete Piero Bruno zusammen mit Donatella Fioretti und José Gutiérrez Marquez das Architekturbüro Bruno Fioretti Marquez Architekten in Berlin. Ihre Bauten zeichnet eine intensive Auseinandersetzung mit dem Material in Erscheinung und Konstruktion aus. Das Büro wurde bereits mit zahlreichen Preisen ausgezeichnet. Unter anderem erhielten sie für ihre Neuen Meisterhäuser Gropius und Moholy-Nagy in der Dessauer Meisterhaussiedlung den DAM-Preis für Architektur in Deutschland 2016. Piero Bruno lehrt seit 2010 Entwerfen und Baukonstruktion an der Hochschule München.

Piero Bruno

In 1995 Piero Bruno founded the architectural office Bruno Fioretti Marquez Architects in Berlin, together with Donatella Fioretti and José Gutiérrez Marquez. Their buildings are characterised by a detailed examination of material in appearance and construction. The office has already been awarded numerous prizes. Among other awards, they received the DAM Prize for Architecture in Germany 2016 for their Neue Meisterhäuser Gropius and Moholy-Nagy in the Meisterhaussiedlung in Dessau. Since 2010 Piero Bruno has been teaching design and building construction at the Munich University of Applied Sciences.

Uta Graff

Nach dem Architekturstudium an der Technischen Universität Braunschweig und der Eidgenössischen Technischen Hochschule in Zürich arbeitete Uta Graff bei Peter Zumthor in der Schweiz und bei gmp Architekten von Gerkan Marg und Partner in Berlin. Sie war wissenschaftliche Mitarbeiterin an der Universität der Künste UdK Berlin, Gastprofessorin an der China Academy of Art in Hangzhou und im Studio für Klangkunst und Klangforschung der UdK Berlin und ab 2010 Professorin an der Hochschule für angewandte Wissenschaften in Würzburg. 2012 wurde sie auf den Lehrstuhl für Entwerfen und Gestalten an die Fakultät für Architektur der Technischen Universität München berufen.

Uta Graff

After studying architecture at the Technical University of Braunschweig and the Swiss Federal Institute of Technology (ETH) in Zurich, Uta Graff worked with Peter Zumthor in Switzerland and with gmp Architekten von Gerkan Marg und Partner in Berlin. She was a research associate at the University of the Arts UdK Berlin, visiting professor at the China Academy of Art in Hangzhou and at the Studio for Sound Art and Sound Research at the UdK Berlin, and since 2010 professor of architecture at the University of Applied Sciences in Würzburg. In 2012 she was appointed to the Chair of Architectural Design and Conception at the Department of Architecture at the Technical University of Munich.

Thomas Kröger

Thomas Kröger gründete sein Büro 2001 in Berlin, im Anschluss an die Mitarbeit bei Norman Foster, London, und Max Dudler, Berlin. Seither arbeiten er und sein Team mit Bauherren im In- und Ausland. Die Projekte umfassen Privathäuser, Kunstgalerien sowie Büro-, Wohn-, Schul- und Museumsbauten. Thomas Kröger hatte 2014 eine Gastprofessur an der Hochschule für Technik in Stuttgart inne. Zuvor unterrichtete er von 2011 bis 2013 als Gastprofessor am Department of Architecture der Northeastern University of Boston im Rahmen des Berliner Studienprogramms.

Thomas Kröger

Thomas Kröger founded his office in Berlin in 2001, after working with Norman Foster in London and Max Dudler in Berlin. Since then he and his team have been working with clients in Germany and abroad. The projects include private houses, art galleries as well as office, residential, school and museum buildings. Thomas Kröger was a visiting professor at the HfT Stuttgart in 2014. From 2011 to 2013, he was a visiting professor at the Department of Architecture at Northeastern University of Boston as part of the Berlin study program.

Anhang Appendix

Danksagung / I would like to thank …

- den Studierenden, die sich auf die Themen, die Orte und die Herangehensweise eingelassen, sich die Aufgaben zu eigen gemacht und mit Ernsthaftigkeit und Begeisterung, Hingabe und Sorgfalt ihre Entwürfe erarbeitet haben. Die Dokumentation ihrer Projekte bilden den Kern dieser Publikation. / the students, who immersed themselves in the topics, the locations, and the approach, and who made the tasks their own with such wholehearted enthusiasm, passion and care. The documentation of their projects forms the core of this publication.

- meinen Assistenten Ulrike Wetzel und Tim Simon-Meyer, die die Aufgaben zum Thema Materialität mit erarbeitet, die Studiernden bei der Entwurfsarbeit betreut und den Prozess und die Arbeiten dokumentiert haben. / my research associates Ulrike Wetzel and Tim Simon-Meyer, who developed the topic of materiality, guiding the students through the design process, and documented their work.

- Thorge Matuschka für das Fotografieren vieler Modelle und Felix Zeitler für die Bearbeitung der Zeichnungen. / Thorge Matuschka who photographed many of the models and Felix Zeitler for editing the drawings.

- Birgit Hackmann und Ulrike Wetzel für die Transkription der Gespräche. / Birgit Hackmann and Ulrike Wetzel for the transcription of the dialogues.

- Andreas Bründler, Piero Bruno und Thomas Kröger, die als Gastkritiker der Projekte und Gesprächspartner zum Thema des vorliegenden Buches einen wertvollen Beitrag zu dieser Arbeit geliefert haben. / Andreas Bründler, Piero Bruno und Thomas Kröger, who made a valuable contribution to this work as guest critics for the projects and interviewees on the topic of this publication.

- dem Drechsler Franz Keilhofer, der uns als Nutzer wertvolle Anregungen gab. / the turner Franz Keilhofer, who gave us valuable suggestions.

- allen Handwerkern, die uns Einblick in ihre Werkstätten und ihre Tätigkeit gewährt haben. / all craftsmen who gave us an insight into their workshops and professions.

- allen Urheberrechtsinhabern für die Erlaubnis, ihr Material zu reproduzieren. Sollten trotz sorgfältiger Recherche und Nachfragen bei den Verfassern berechtigte Personen übersehen worden sein, bitten wir diese, sich beim Herausgeber zu melden. / all copyright owners for the permission to reproduce their material. Should, despite our intensive research, any person entitled to rights have been overlooked, we kindly ask them to contact the publisher.

Preise / Awards

- Patrick Fromme und Philipp Hufschmid haben mit ihrer Arbeit (S. 124) den Egon-Eiermann-Preises 2017 gewonnen. Ein Teil des Preisgelds ist in diese Publikation eingeflossen. / For their work Patrick Fromme and Philipp Hufschmid won the 2017 Egon-Eiermann Award (p.124). A part of the prize money went into this publication.

- Caroline Blaim und Sandra Panzer gehören zu den Preisträgern des Concrete Design Competition 2016/2017 (S. 180). / Caroline Blaim and Sandra Panzer were prize winners in the 2016/2017 Concrete Design Competition (p.180).

- Gintare Gajauskaite und David Rosenthal haben für ihre Arbeiten eine Anerkennung beim Concrete Design Competition 2016/2017 erhalten (S. 126). / Gintare Gajauskaite and David Rosenthal were commended for their entries in the 2016/2017 Concrete Design Competition (p.126).

Abbildungsnachweis / Illustration Credits

Soweit nicht anders angegeben, stammen sämtliche Fotografien vom Lehrstuhl für Entwerfen und Gestalten. / Unless otherwise indicated, all photographs are from the Chair of Architectural Design and Conception.
Ich danke den Architekten und Fotografen, dass sie ihre Fotografien als wertvolle Ergänzung zu den Gesprächen für diese Publikation zur Verfügung gestellt haben: / Thanks to the architects and the photographers for providing us with their photographs for this publication as a valuable complement to the dialogues:
- Thomas Kröger Architekten, Berlin; Jan Steenblock, Berlin; Ina Steiner, Berlin; Thomas Heimann, Berlin
- Buchner Bründler Architekten, Basel; Ruedi Walti, Basel; Oliver Lang, Lenzburg; Daniela & Tonatiuh, Penthalaz
- Bruno Fioretti Marquez Architekten, Berlin/Lugano; Alessandra Chemollo, Venedig / Venice; Philipp Obkircher, Berlin; Stefan Müller, Berlin; Fulvio Orsenigo, Venedig / Venice

Förderer / Sponsors

Diese Publikation wurde ermöglicht durch die finanzielle Unterstützung von: / This publication was created with financial support from:
- Fakultät für Architektur der Technischen Universität München TUM / Department of Architecture at the Technical University of Munich TUM

Werkstattgebäude für einen Drechsler / Workshop Building for a Turner
Modelle in unterschiedlichen Maßstäben und Materialien / Models in different scales and materials

Impressum Imprint

Herausgeber / Editor
Uta Graff

Konzept und Gestaltung / Concept and Graphic Design
Uta Graff

Übersetzungen / Translations
Karl Detering

Lektorat Deutsch und Englisch / Copy-Editing German and English
Katharina Voigt

Korrektorat Deutsch / Proofreading German
Sandra Leitte
Korrektorat Englisch / Proofreading English
Stefan Widdess

Fotografien / Photographs
Soweit nicht anderes genannt, sind alle Fotografien vom Lehrstuhl für Entwerfen und Gestalten / Unless otherwise indicated, all photographs were produced by the Chair of Architectural Design and Conception

Koordination im Verlag / Coordination (Detail)
Steffi Lenzen

Herstellung / Production
Roswitha Siegler

Reprografie / Reproduction
ludwig:media, Zell am See

Druck und Bindung / Printing and binding
Kösel GmbH & Co. KG, Altusried-Krugzell

Papier / Paper
Profibulk FSC®, 135g/m²

© DETAIL Business Information GmbH
Messerschmittstr. 4, 80992 München
www.detail.de
www.detail-online.com

© 2018 Lehrstuhl für Entwerfen und Gestalten
Chair of Architectural Design and Conception
Prof. Uta Graff

Printed in Germany

ISBN: 978-3-95553-464-6 (Print)
ISBN: 978-3-95553-465-3 (E-Book)

ᴛᴜᴍ

Entwerfen und Gestalten
Architectural Design and Conception